H.C. Opfermann

Mit Schwarz gewinnen im Schach

Die Weltmeister-Computerprogramme
eröffnen ungewöhnliche Siegchancen

Originalausgabe

WILHELM HEYNE VERLAG
MÜNCHEN

HEYNE RATGEBER
08/9187

Copyright © 1988 by Wilhelm Heyne Verlag GmbH & Co. KG, München
Printed in Germany 1988
Umschlaggestaltung: Atelier Ingrid Schütz, München
Diagramme: Designstudio Fleischer, München
Satz: VerlagsSatz Kort GmbH, München
Druck und Bindung: RMO, München

ISBN 3-453-03106-7

Inhaltsverzeichnis

9   Vorwort

14 Einleitung: Mit Schwarz gewinnen?

17 Tempoverluste sind allerdings nicht mehr entschuldbar

19 Der wahre Standort des erstklassigen Schachcomputers innerhalb der menschlichen Schachwelt

22 Nur Handlanger einer geistigen Leistung?

24 Wie das menschliche Gehirn ›Schach spielt‹

29 Wer den erstklassigen Schachcomputer auf der Turnier-Spielstufe systematisch besiegen kann, besiegt auch den lebenden Meister

31 Das Spielstärken-Verhältnis zwischen Schachcomputern und menschlichen Schachspielern

33 Zwei praktische Beispiele für die üblichen Spielstufen-Einstellungen

34 Warum Sie ein Schachcomputer zwingt, auf jeder Spielstufe sorgfältig zu analysieren, und Ihnen eben dadurch hilft, ihn zu besiegen

35 Allgemeine Kennzeichnung der neuen Spielstrategie gegen Schachcomputer: ›Mit Schwarz gewinnen‹

- 37 Weltmeister Alexander Aljechin als Vorbild für das MEPHISTO/DALLAS-Programm
- 40 Weltmeister Aljechin widerlegt ›Mein System‹ von Schachmeister Aron Nimzowitsch, indem er ihn mit dessen eigenen Waffen besiegt
- 48 Weltmeister Alexander Aljechins Spielstrategie als Vorbild für Ihren Trainingserfolg ›Mit Schwarz gewinnen‹ durch das MEPHISTO/DALLAS-Programm
- 50 Analoge Partiestellungen: Aljechin gegen Nimzowitsch 1930 und MEPHISTO/DALLAS gegen H. C. Opfermann 1987
- 53 Von seltenen seltsamen Verhaltensweisen erstklassiger Schach-Programme
- 58 Partie: MEPHISTO/DALLAS gegen H. C. Opfermann im Hause der Fa. Hegener + Glaser in München am 10. 2. 1988 mit Eröffnungsbibliothek auf Turnier-Spielstufe, Level 6. Unregelmäßige Eröffnung
- 68 Fazit I: Warum die klassische Eröffnungsbehandlung die Zentrumsverfestigung und den Angriffsvorsprung für Schwarz erleichtert
- 69 Der Beitrag des ersten großen Schachdenkers und Musikers André Danican Philidor
- 71 Der Beitrag von Wilhelm Steinitz und seiner Ausbeuter

74 Partie: MEPHISTO/DALLAS gegen
H. C. Opfermann am 5. 8. 1987 ohne
Eröffnungsbibliothek auf Turnier-Spielstufe,
Level 6, Damenbauernspiel/Pirc

81 Warum Sie vor Beginn einer Trainingspartie
mit Ihrem Computer, der Sie mit der ›Zentrum-
Flügel-Strategie‹ vertraut machen soll,
vorsorglich die ›Eröffnungsbibliothek‹
abschalten

84 Wer gegen den Schachcomputer sicher
gewinnen will, darf keinen einzigen schwachen
Zug machen, sonst verliert er.
Trainingspartie: MEPHISTO/Mondial 2
gegen Carmen Huberger, Spielstufe Level 2
am 11. 2. 1988, Damenbauernspiel

90 Partie: MEPHISTO/DALLAS gegen
H. C. Opfermann am 10. 7. 1987 ohne
Eröffnungsbibliothek auf Turnier-Spielstufe,
Level 6, ›Französische Verteidigung‹

102 Der kritische Leser und Schachspieler hat
Einwände

104 Erster Versuch

106 Zweiter Versuch

108 Dritter Versuch

115 Fazit II: Die schwarze ›Zentrum-Flügel-
Strategie‹ ist nicht nur gegen erstklassige
Schachcomputer erfolgreich anwendbar

116 Modell eines ›Initiativtests‹ für beliebig
erstklassige Schachcomputer-Programme in
Schachcomputern aller Art

- 124 Trainings-Teststellung: Die Annahme eines Bauernopfers ermöglicht Schwarz den strategischen Sieg
- 137 Partie: MEPHISTO/DALLAS gegen H. C. Opfermann am 30. 8. 1987 ohne Eröffnungsbibliothek auf Turnier-Spielstufe, Level 6, Pirc-Verteidigung
- 140 Die Fortsetzung des Angriffs
- 142 Computer-Schachprogramme
- 148 Marktübersicht 1987/1988
- 154 Bibliographie
- 156 Register

Vorwort

Die in dieser Arbeit entwickelte *Zentrum-Flügel-Strategie* für das Spiel mit den schwarzen Steinen wurde – was die wohlwollenden Herren Kritiker bitte nicht unberücksichtigt lassen wollen – zunächst ausschließlich am Spiel gegen *Schachcomputer* von internationalem Rang erforscht und entwickelt.

Zur Vermeidung einer überflüssigen Auseinandersetzung nenne ich vorsorglich die Programme MEPHISTO/DALLAS und ROMA, ebenso Kasparov/LEONARDO und Mk 12, Sargon III und in vielen Einzelpartien die Computer der Marken Fidelity, Newcrest und Novag.

Die erstgenannten besitze ich oder haben mir länger als ein Jahr ununterbrochen zur persönlichen Verfügung gestanden.

Es wurden von mir rund 200 protokollierte Kampf- und Experimentalpartien auf allen, meist aber den höchsten Spielstufen mit aller Sorgfalt gespielt und analysiert.

Selbstverständlich bin ich mir bewußt, daß diese schachanalytische Computerarbeit nicht ausreichend sein kann, die ›Zentrum-Flügel-Strategie‹ bereits auch für das Spiel zwischen lebenden Schachmeistern hieb- und stichfest zu begründen.

Ganz abgesehen davon, daß es genügend gut begehbare Wege gibt, der Bildung eines festgelegten Zentrums von vornherein wirksam auszuweichen, ist auch nach erfolgter Bildung – trotz kurzer Rochade –

MEPHISTO/DALLAS

Kasparov/LEONARDO

durch eine konsequente Vermeidung strategisch fehlerhafter Antwortzüge, wie sie den Computerprogrammen wegen der Natur und Qualität ihrer ›Bewertungsfunktionen‹ immer wieder unterlaufen, das jeweilige Stellungsgleichgewicht insbesondere dann aufrechtzuerhalten, wenn es gelingt, die Bildung einer halboffenen Linie auf die Königsstellung, die so oft durch Figurenopfer erzwungen werden kann, zu vermeiden.

Das verbürgt zwar noch keineswegs den sicheren Sieg, schützt aber vor dem Partieverlust.

Die im Zusammenhang mit der vorliegenden Arbeit weitergeführte Forschung verfolgt die Absicht, die ›Zentrum-Flügel-Strategie‹ nicht nur als Lehr- und Trainings-Methode zur Erhöhung der Spielstärke von Schachcomputer-Benutzern auszubauen – das tun die internationalen Spitzencomputer ganz von selbst, so-

Kasparov/Mk 12

bald mit ihnen schachstrategisch angemessen umgegangen wird –, sondern vielmehr die schachwissenschaftliche systematische Übertragung dieser Strategie auf das Kampfspiel zwischen lebenden Schachspielern aller Stärkegrade.

Die modernen Schachcomputer sind dazu allerdings die weitaus sichersten und zuverlässigsten Lehr- und Trainingsgeräte.

Das vorliegende Werk: ›Mit Schwarz gewinnen‹ ist ein erster Schritt zur Erreichung dieses Zieles.

Die internationalen Spitzen-Computer haben inzwischen eine Spielstärke von über 1900 ELO (siehe Seite 29) erreicht, die in Einzelfällen sogar an die Großmeister-Spielstärke von über 2200 ELO heranreicht.

Welcher begeisterte Schachspieler träumt nicht davon, seine eigene Spielstärke durch eine solche ELO-Bewertung ausgezeichnet zu sehen.

Das einmal zu erreichen darf er aber hoffen, sobald es ihm gelingt, diese internationalen Spitzenprogramme regelmäßig und sicher zu besiegen.

Dazu muß er sich aber auch an Turnieren und Wettkämpfen beteiligen, was er ohne gründliche Vorschulung auf den jeweiligen Klassen-Niveaus kaum erfolgreich wagen könnte.

Dazu kommt für die praktische Turnierpartie noch die belastende Entscheidung über die jeweils zu wählende Eröffnungs-Entwicklung mit Schwarz, die ungleich schwerer zu fällen ist, als wenn er die weißen Steine führt.

Aus diesen Gründen ist die vorliegende Arbeit zunächst dem Spiel mit den schwarzen Steinen gewidmet, unter besonderer Berücksichtigung der allgemein üblichen, von Wilhelm Steinitz, Siegbert Tarrasch und Aron Nimzowitsch entwickelten ›klassischen‹ Eröffnungsgrundsätze, auf denen alle internationalen Computerprogramme aufgebaut sind. Auch der angewandten wissenschaftlichen Schach-Theorie liegen sie zugrunde.

Die dabei entwickelten und computererprobten, schachstrategischen Lehr- und Trainingsmethoden werden in späteren Veröffentlichungen ihre Übertragung auch auf das Spiel mit den weißen Schachsteinen finden.

Zu danken habe ich den Firmen Hegener + Glaser, München, Saitek (SciSys) und Newcrest, Hongkong, New Zealand Chess Supply, Wainuiomata, für verständnisvolle Zusammenarbeit, den Lionsclubs München-Altschwabing, München-Nymphenburg und Lower Hutt (Host) NZ, ferner meiner Mitarbeiterin Ingeborg Küchenmeister, meinem Bruder Rudolf, meiner Schwägerin Roberta, den Freunden Lloyd Morgan, Hal Mayor, Maurus Huber, Peter Landgraf, Hans-Joachim Schniewind und Werner Höfig, deren freundschaftliche Hilfe und Geduld zur Entstehung dieses Buches entscheidend beigetragen haben.

München im August 1988

H. C. Opfermany

H. C. Opfermann

Einleitung:
Mit Schwarz gewinnen?

»Was soll ich nur mit Schwarz spielen?«, so lautet der Stoßseufzer des talentierten Club-Schachspielers, der ein angriffslustiges, kombinationsreiches Spiel bevorzugt, wenn er für seinen Schachclub in einem Turnier antreten soll.

Dazu kommt noch, daß er meist vor dem Beginn der Partie nicht wissen kann, welchen Eröffnungszug sein voraussichtlicher Gegner wählen wird, so daß er auf mindestens vier bis fünf erste Züge vorbereitet sein muß, die besonders dann für ihn schwierig zu beantworten sind, wenn er ein rasches und lebhaftes Spiel mit offenen Linien, das viele Kombinationsmöglichkeiten verspricht, erstrebt.

Der Nachteil dieser Einstellung eines Schachspielers besteht vor allem darin, daß es der angriffslustige Spieler mit den schwarzen Steinen doppelt schwer hat, sein Ziel zu erreichen, weil er sofort gegen den Vorsprung des ersten Zuges – besser Halbzuges – aufkommen muß, über den Weiß in der Eröffnung automatisch verfügt. Das bedeutet aber zusätzlich, daß er auch noch den Eröffnungsplan von Weiß, der ja eine geschlossene Stellung mit Figuren-Entwicklung hinter Bauern oder mit fianchettierten Läufern anstreben kann, widerlegen muß, bevor er selbst auf eine Linienöffnung ausgehen darf.

»Wie«, so fragt der hoffnungsvolle Nachwuchsspieler einen erfahrenen älteren Meisterspieler gewöhnlich, »soll ich denn da mit den schwarzen Steinen auch noch auf Gewinn spielen können? Wenn ich das erzwingen will, dann versäume ich höchstens auch noch, die Remis-Breite einzuhalten, und verliere die Partie. Also, was kann ich tun?«

Darauf antwortet der Autor begütigend: »Der Standpunkt, den Sie da einnehmen, wird sogar von Großmeistern geteilt. Er ist aber nichtsdestoweniger, wie Ihnen in der vorliegenden Arbeit anhand praktischer Partie-Beispiele nachgewiesen werden wird, heutzutage nicht mehr länger haltbar.«

Großmeister *Ludék Pachman* hat zwar ein bemerkenswert offenherziges Bekenntnis in Ihrem Sinne abgelegt, als er im Januar anläßlich eines veröffentlichten Kommentars zu den Partien des Weltmeisterschaftskampfes zwischen *Anatoli Karpow* und *Garri Kasparow* in Sevilla erklärte:

»Jeder, der einmal vor der Aufgabe stand, gegen einen gleichwertigen Gegner – der nur ein Remis brauchte – unbedingt eine Partie gewinnen zu müssen, um sich den Sieg im Turnier, im Wettkampf oder einen Titel zu sichern, weiß jedoch Bescheid: Mit Schwarz gelingt es so gut wie nie, mit Weiß recht selten. Denn die Verteidigungstechnik hat sich gerade in den letzten Jahrzehnten sehr vervollkommnet; außerdem haben die Theoretiker gerade für mit Schwarz Spielende supersolide Eröffnungssysteme ausgearbeitet (siehe z. B. die *Tartakower*-Variante im Damen-Gambit, Russisch oder Caro-Kann gegen e4!), daß sogar bei einem bestimmten Unterschied in der Spielstärke die Remis-Breite sehr groß bleibt. Ich selbst habe in meiner Schachlaufbahn auch gegen stärkere Gegner ungefähr in 95% der Fälle nur dann verloren, wenn ich ›unbescheiden‹ war und den möglichen Sieg keineswegs ausschloß.«

Dieses Eingeständnis eines der erfahrensten Internationalen Schachgroßmeisters enthält – das darf mit allem Respekt vor seiner gewaltigen schachlichen Lebensleistung hier gesagt werden – nur die halbe Wahrheit. Es ist nur dann berechtigt, wenn seinem Urteil auch gleichzeitig der seit *Wilhelm Steinitz* in seinen Grundzügen herrschend gebliebene Spielstil und dessen Weiterentwicklung durch *Tarrasch, Nimzowitsch,* die Neuromantiker, Hypermodernen, den auch die russischen wie sowjetrussischen Meisterspieler bis heute pflegen, zugrunde gelegt wird.

Das Eingeständnis *Pachmans* gilt aber glücklicherweise nicht mehr, wenn es dem Spieler gelingt, eine erstmals durch *Alexander Aljechin* praktizierte Spielweise der ›Zentrum-Flügel-Strategie‹ auf die Führung der schwarzen Steine fehlerlos zu übertragen. Und das eben kann seit der soliden Weiterentwicklung der internationalen Schachcomputer und ihrer Spitzenprogramme auch anhand beliebig reproduzierbarer und gleichsinnig nachspielbarer, praktischer Kampfpartien allgemeingültig nachgewiesen werden.

Solange der Führer der weißen Steine nach den unverändert gültigen ›klassischen‹ Eröffnungsgrundsätzen sein Spiel entwickelt und seine Mittelspielführung nach den gleichen ›klassischen‹ Regeln einrichtet, kann dieser – wie sich am Verhalten der Computer-Spitzenprogramme demonstrieren läßt – mit Hilfe der hier erstmals systematisch gelehrten, neuartigen ›Zentrum-Flügel-Strategie‹ im Regelfall sogar besiegt werden.

Tempoverluste sind allerdings nicht mehr entschuldbar

Im Rahmen dieser neuartigen Strategie erlebt sogar der von *Siegbert Tarrasch* schon zu Beginn unseres Jahrhunderts mit drakonischer Härte verteidigte Eröffnungs-Grundsatz vom Vorrang auch des ungezielten Tempogewinns (den die moderneren Nachwuchsspieler durch den Hinweis zu verspotten pflegten: »Nun hat er 20 Tempogewinne erzielt, die Partie aber verloren.«) eine – allerdings gezielte – Wiederauferstehung. (Siehe z. B. Partie MEPHISTO/Mondial 2 gegen *Carmen Huberger,* Seite 84 ff.)

Daß die Entwicklung des Spielstils im Schach des ausgehenden 20. Jahrhunderts, diese neuartige, systematisierte ›Zentrum-Flügel-Strategie‹ tatsächlich bereits seit mehr als einem Jahrzehnt in der Luft zu liegen scheint, geht auch in etwa aus einer Untersuchung des großen amerikanischen Schachpädagogen *Fred Reinfeld* hervor, der in seinem Lehrbuch ›Schach für Amateure‹ auf Seite 10 kommentiert: »Schwarz zwingt ihn, zunächst den Bauern zurückzugeben, und dann erkennt man bald, daß die weißen Figuren keine Zukunft haben, obwohl sie befriedigend entwickelt zu sein scheinen; während sie herumstehen wie bei einer Parade, schlüpfen die schwarzen Figuren von allen Seiten in die weiße Stellung hinein« und »...als ob die Partie mit den Figuren allein geführt werden könnte. In

Wahrheit steht die Sache so, daß die Figuren keine Gelegenheit erhalten, ihre wahre Kraft zu entfalten, wenn die Bauern nicht richtig geführt werden.«

Das alles klingt, wie Sie später anhand der praktischen Partienbeispiele selbst miterleben werden, wie eine vorausahnende Beschreibung der Hauptstellung der angewandten ›Zentrum-Flügel-Strategie‹, bei der die Verfestigung des Bauernzentrums die Grundbedingung für den Erfolg der schwarzen Flügelangriffe darstellt.

Allerdings muß jeder derartige Angriff dann auch kontinuierlich und vor allem ohne Tempoverlust vorgetragen werden. Andernfalls verliert Schwarz – insbesondere gegen Spitzencomputer – fast mit Sicherheit.

Der wahre Standort des erstklassigen Schachcomputers innerhalb der menschlichen Schachwelt

Der TV-Schachgroßmeister *Helmut Pfleger* trifft im Rahmen eines bemerkenswerten Essays ›Schach lernen mit dem Elektronengehirn‹ im Jahre 1987 die überraschende Feststellung: »Für eine kleine Elite nämlich, einen *Kasparow* und die in seiner Nähe angesiedelten Spitzen der Weltrangliste, sind Elektronengehirne derzeit noch keine Konkurrenz und werden es so schnell auch nicht werden.«

Diese Feststellung fordert eine Antwort auf die Frage: »Was sind sie denn dann?«

Wenn die Spitzen-Schachcomputer, wie sich heutzutage bei vielen Schachveranstaltungen immer wieder erweist, selbst für Großmeister, die noch nicht zur Welt-Elite zählen, zu ernsthaften Gegnern geworden sind, die bereits eine vergleichbare Spielstärke von etwa 2300 Elo* für sich in Anspruch nehmen dürfen, dann sollte es doch auch möglich sein, ihnen mehr als nur eine Trainings- und Unterhaltungsaufgabe für den begabten Nachwuchs zuzuerkennen.

Wer mit solchen Spitzencomputern regelmäßig und systematisch Wettkämpfe auf der Turnierstufe durchführt und sich durch die erzielten Erfolge als gleichwer-

---
* vgl. Fußnote auf S. 29

tiger Gegner erweist, der entdeckt bald, daß eine der hervorstechenden und hilfreichsten Eigenschaften dieser Computer darin besteht, in beliebig komplizierten Stellungen auch als eine Art ›Schach-Mikroskop‹ dienen zu können.

Je taktisch-positionell verwickelter eine Stellung ist, je schwieriger ist es, die stärksten Zugfolgen – die einen Vorteil zu erringen oder einen Nachteil zu vermeiden erlauben – aufzufinden, zu durchschauen und exakt zu analysieren, um so tiefer können der Rechner und das Schachprogramm über ihre Vermittlungsstelle RAM (Random Access Memory) die strukturellen Details solcher Stellungen auffinden und im Display sichtbar machen.

Der besondere Vorteil dieses Computer-Verfahrens besteht – ebenso wie für den Naturwissenschaftler, der die Bilder im Mikroskop erforscht – auch für den Schachspieler genau darin, daß beiden, außer den angebotenen vielfältigen Details, keineswegs auch die richtigen Schlüsse mitgeliefert werden, die zur optimalen Auswertung dieser Details erforderlich sind. Diese Schlüsse, die den erfolgreichen Fortgang der Partie für den menschlichen Schachspieler erst garantieren, muß der lebende Schachspieler als selbständige geistige Leistung dazuliefern, die nimmt ihm der Computer nicht auch noch ab.

Diese exakte Trennung von ›Nachricht‹ und ›Information‹, die nur die Übermittlung von Tatsachen vornimmt, ohne – wie das im Wesen der ›Information‹ beschlossen ist – die Nachrichten auch noch zu begründen, konstituiert den erstklassigen Schachcomputer als besonders geeignetes Trainings-Instrument für den nachwachsenden talentierten Schachspieler. Er liefert nur die Hilfe zum Erwerb der höheren Spielstärke, doch nicht auch sie selbst.

Die von GM *Pfleger* angesprochene ›Welt-Elite‹ trägt ein solches Schach-Mikroskop bereits eingeboren in ihren Köpfen mit sich herum, weshalb sie den Schachcomputer weder nötig hat, noch sich vor ihm zu fürchten braucht. Für den weniger genial begabten Schachspieler kann er aber eben deshalb nicht nur ein zuverlässiger Trainingspartner sein, sondern auch, weil er glücklicherweise auf alle menschlichen Spielstärkestufen exakt einstellbar ist, ein ernsthafter, gleichwertiger Gegner.

Nur Handlanger
einer geistigen Leistung?

Es ist zwar richtig, daß ein Schachcomputer eine fremde, nicht von ihm selbst gestaltete geistige Leistung als Hilfe braucht, wenn er entweder gegen seinesgleichen oder gegen einen lebenden Menschen ›gut‹ Schach spielen soll, doch ist es völlig unangemessen – wie das viele Gebildete und sogar manche Computerfachleute unaufhörlich tun –, den Computer, weil er ohne ROM (Read Only Memory) nicht funktionieren kann, nur als ein elektronisches Handwerkszeug zur Übertragung und Weitergabe geistiger Leistungen aufzufassen.

Ein Schachcomputer ist tatsächlich viel mehr als eine Art vielseitiger Schreibmaschine, er führt auch im geistigen Bereich genau so selbständige Entscheidungs- und Erkenntnisprozesse durch, wie das, wenn auch auf eine völlig andere Weise und mit völlig anderen Auswahlmitteln, das menschliche Gehirn ebenfalls tut.

Aus diesem Grunde sind auch die Hoffnungen, wie sie WM *Michail Botwinnik* und viele andere prominente Computer-Fachleute hegen, daß eines Tages ein Schachprogramm zusammen mit einem Computer dem amtierenden Schachweltmeister überlegen sein könnte und dabei selbst fähig wäre zu ›denken wie ein menschlicher Großmeister‹, aus guten Gründen leider eitel.

Eine ganz echte geistige Leistung aber vollbringt der aus den selbständigen Einzelgeräten – Prozessor, RAM und ROM – aufeinander abgestimmte elektronische Schachcomputer, d. h. eine Leistung, die keines seiner Teilgeräte für sich allein zu bewältigen fähig wäre.

Denn das Schachprogramm, das zwar die geistige Leistung eines Schachprogrammierers in der Form schachlicher Steuerungsbefehle enthält, muß, damit sich die geistige Schach-Spiel-Leistung auch verwirklicht, mit den selbständigen reinen Rechenleistungen des Prozessors im gleich selbständigen RAM (Random Access Memory) verschmelzen. Sie werden dort registriert, aufeinander abgestimmt und bewertet, bevor das Endergebnis im Display dem menschlichen Partner oder einem anderen Schachcomputer angeboten wird, so daß weitergespielt werden kann.

Mit diesem aus kollektiver Zusammenarbeit erzeugten Angebot wird aber im Inneren des elektronischen Geräts qualitativ, und nicht nur quantitativ, eine rein geistige Leistung vollbracht, die weit über die quantitativen Leistungen jedes einzelnen beteiligten Teilgeräts hinausgeht.

Ebenso benötigt der lebende Schachspieler in kontinuierlicher Folge Mitteilungen über die sich ständig verändernden realen oder blind vorgestellten Stellungsstrukturen; andernfalls ist er nicht in der Lage, die zur Fortsetzung der Partie erforderlichen, voraussehbaren Züge und Zugfolgen zu analysieren, zu bewerten und dem Computer anzubieten.

Auch die geistige Leistung des menschlichen Schachspielers kann sich auf keine andere Weise verwirklichen. Der tatsächliche Unterschied zwischen der menschlichen Schach-Leistung und der des Computers besteht also keineswegs in der Methodik, sondern allein in der Art des Ablaufs und dessen Bewältigung.

Wie das menschliche Gehirn ›Schach spielt‹

Die neuesten Forschungsergebnisse im Bereich der menschlichen optischen Verarbeitungsvorgänge im menschlichen Gehirn, die von *Terrence J. Sejnowski* im Department of Biophysics an der Johns Hopkins University in Baltimore (US-Staat Maryland) und anderen Biowissenschaftlern gewonnen worden sind, haben ergeben:

Das menschliche Gehirn gewinnt seine Zugentscheidungen, durch den Einsatz und den Funktionsablauf grundsätzlich ganz anderer biologischer Hilfsmittel als ein Computer.

Das Gehirn erkennt Stellungsstrukturen ohne jede rechnerische Kalkulationsvorgänge und gehorcht auch während des optischen Erkennungsvorgangs von Figuren und deren Wirkungszusammenhängen keinerlei Steuerungsvorgängen (wie sie das Schachprogramm dem Rechner vermittelt).

Statt dessen filtert das menschliche Gehirn alle Stellungsmerkmale des Schachbretts und der weißen bzw. schwarzen Steine, Schritt für Schritt, wenngleich blitzschnell – während des Durchlaufs der Flut der durch die Augen dem Gehirn ständig zugeleiteten optischen Reize, durch die gewaltige Zahl der Neuronen-Netze – dadurch eindeutig heraus, daß es die zuständigen Reize mit den bereits früher gespeicherten Erfahrungsmustern (Schachbrett, Figuren und Bauern) vergleicht und in stufenweiser Anpassung verdichtet (pattern recognition).

Dieser Vergleichsvorgang läuft im Gehirn mit ähnlicher Blitzgeschwindigkeit ab wie der Rechenvorgang im Prozessor.

Der herausragende Unterschied zwischen den von einem Computer und vom menschlichen Gehirn erarbeiteten Zugentscheidungen besteht nun aber darin, daß der Mensch nach dem Vollzug des geistigen Ablaufs durch den Vergleich und die Anpassung an die schachlichen Erfahrungsmuster die volle Freiheit behält, sich beliebig zu entscheiden, während die geistige Leistung des Computers darin besteht, daß er die vom Programm gesteuerten Rechenprozesse zu Feststellungen und deren Bewertungen führt, die ein für allemal verpflichtend festgelegt sind und bleiben.

Der Computer muß sich unter gleichen Stellungsstrukturen immer für den gleichen Fortsetzungszug entscheiden, weil er durch die Suchvorgänge und deren Ergebnisbewertungen zu ihm hingezwungen wird – dem Menschen steht es dagegen völlig frei, als Antwort auf die von ihm festgestellten Stellungsmerkmale eine nie dagewesene, grundsätzlich neue Zugentscheidung zu treffen.

Aus diesen Gründen ist jedes Computer-Programm seiner Natur nach ein reines ›Vergangenheits-Programm‹, das niemals andere als bereits irgendwann einmal verwirklichte Spielzüge enthalten und als Steuerbefehle weitergeben kann.

Der Schachcomputer muß stets ohne Widerspruch gehorchen, weshalb er auch niemals ganz neue kreative schachkünstlerische Einfälle von einer Qualität verwirklichen könnte, wie sie seinerzeit von *Adolf Anderssen* in seinen Partien gegen *Lionel Kieseritzki* und *Jean*

Dufresne von ihm erdacht wurden, die als die ›Unsterbliche‹ und die ›Immergrüne‹ in die Schachgeschichte als echte Kunstwerke eingegangen sind. Ganz das gleiche gilt – um nur einige wenige zu nennen – für Partien, die etwa von *Johannes Zukertort* im Jahre 1883 in London gegen *H. J. Blackburne,* von *Michail Tal* 1960 in Moskau gegen *Michail Botwinnik* und *Bobby Fischer* 1963 in New York gegen *Pal Benkö* gespielt wurden.

Alle diese schachkünstlerischen Leistungen setzen zu ihrer Verwirklichung bei wenigstens einem der beteiligten Spieler die Fähigkeit voraus, ›synthetische‹ Urteile im Sinne *Immanuel Kants** zu fällen, was dem Computer prinzipiell versagt ist.

Das alles bedeutet also: Ein Schachcomputer ist sehr wohl imstande, Schachpartien als reine geistige Leistungen durch die Ausnützung ›analytischer Urteile‹ im Kampf mit menschlichen Partnern selbständig und relativ vollkommen mitentstehen zu lassen, nicht dagegen aber echte schachliche Kunstwerke.

Ein Schachprogramm kann in Gemeinschaft mit einem Computer auch alle überlieferten Partien reproduzieren, deren Zugfolgen sogar beliebig umordnen und als selbständige Glieder in neue Partien einbauen und dadurch überraschende Siege oder Verteidigungsleistungen erzielen, aber der Schachcomputer kann – anders als das menschliche Gehirn – keine kreativen Leistungen im Sinne ›synthetischer Urteile‹ hervorbringen.

---

* Kant unterscheidet ›analytische‹ und ›synthetische‹ Urteile. ›Analytische‹ Urteile kann ein Schachcomputer fällen, weil sie durch ›Zergliederung in seine Teilbegriffe zerfallen‹, die im Ganzen bereits enthalten sind, während ›synthetische‹ Urteile Elemente (z. B. intuitiv geschaute, geniale Züge und Zugfolgen) mitwirkend voraussetzen, die durch ›keine Zergliederung derselben‹ herausgezogen werden können (z. B. der eigentliche Kunstgehalt eines echten Kunstwerks).

Die praktische Bedeutung dieser Erkenntnisse für das Spiel und den Umgang des Menschen mit dem Schachcomputer besteht darin, daß der Schachcomputer nur fähig ist, taktisch-positionelle Züge und Zugfolgen durch Rechnen aufzufinden und insoweit auch exakt zu bewerten.

Rein strategische Zugentscheidungen sind ihm dagegen grundsätzlich und nicht nur wegen seines durch die praktische Anwendung notwendig begrenzten ›Horizonts‹ verwehrt.

Das hat *Hans-Peter Ketterling* in der Europa-Rochade Nr. 9 vom September 1986 für das angewandte Schachspiel überzeugend formuliert: »Eine verlorene Stellung kann nur selten durch Auffindung tiefer Kombinationen infolge extremer Rechentiefe gerettet werden, da solche Kombinationen meistens gar nicht existieren. ...die Schwächen des Programms oder besser seine positionelle Blindheit treten dann klar hervor. Die Stellung wird vielfach unheilbar ruiniert, lange bevor das Programm merkt, worum es eigentlich geht. Besonders deutlich wird dieser Effekt in der Eröffnung, wenn das Programm gezwungen ist, ohne sein Eröffnungsrepertoire zu spielen. ... Programme, die eine größere Zahl von positionellen Merkmalen in ihre Stellungsbewertung einbeziehen, sind schwerer zu schlagen als solche, die zwar etwas tiefer rechnen, aber weniger ›Positionsgefühl‹ aufweisen. ... Meisterliches Spiel ist aber nicht nur durch eine saubere positionelle Partieführung gekennzeichnet, sondern es kommt das Erarbeiten und Durchführen langfristiger strategischer Pläne hinzu.

Dies ist im Computerschach bisher noch nicht realisierbar, da es noch nicht gelungen ist, eine Stellung maschinell derart zu bewerten, daß man aus den Stellungsmerkmalen diejenigen Schwächen der gegnerischen Stellung extrahieren kann, auf die sich ein langfristiges Spiel lohnt, und solche Pläne von Rechnern formulieren und durchführen zu lassen – von einfachen Ansätzen einmal abgesehen. Das gleiche gilt für die Verteidigung ...«

Der erfahrene menschliche Schachspieler aber kann all das leisten. Und deshalb beginnt hier ein systematisches Training mit dem Ziel:

»Mit Schwarz gewinnen.«

Wer den erstklassigen Schachcomputer auf der Turnier-Spielstufe systematisch besiegen kann, besiegt auch den lebenden Meister

Der Schachspieler, der es fertiggebracht hat, einen Schachmeister in der Mehrzahl der gegeneinander gespielten Partien systematisch zu besiegen, ist selbst ein Schachmeister geworden.

Es ist heute international anerkannt, daß die besten auf dem Weltmarkt angebotenen Schachcomputer eine Spielstärke besitzen, die derjenigen Internationaler Meister (IM) weitgehend entspricht. Das hat sich in der Praxis internationaler Turniere und Wettkämpfe inzwischen erwiesen.

Dem tragen die Hersteller von Spitzen-Schachcomputern dadurch Rechnung, daß sie unwidersprochen behaupten, die von ihnen angebotenen Spitzengeräte verfügten über eine Spielstärke von mindestens 2200 ELO*.

---

* Der Ungar Professor *Arpad Elo* hat ein Meßsystem für die Spielstärke internationaler Turnierspieler entwickelt, dessen Einheiten, ELO-Zahlen genannt, an Turnierspieler verliehen werden. Die jeweiligen, international anerkannten Turnierleitungen errechnen diese Werte für jeden einzelnen Teilnehmer nach dessen Turnierergebnissen und teilen sie ihm am Ende des Turniers offiziell zu. Spielen Computer mit Spielern, die eine feste ELO-Zahl erworben haben und gewinnen sie, dann kann daraus – cum grano salis – eine ELO-Zahl des Computers errechnet werden.

Um die Errechnung von ELO-Zahlen für Schachcomputer, die an internationalen Turnieren teilgenommen haben, hat sich der britische Sachverständige E. *Hallsworth* verdient gemacht.

So zum Beispiel:

MEPHISTO 2200 ELO, Fidelity 2175 ELO, PSION ATARI 2053 ELO usw. Die ermittelten Computer-ELO-Zahlen stellen Mittelwerte dar, die nicht in allen Ländern nach gleichen Kriterien an Turnierspieler als ELO-Punkte verliehen werden. Deutsche Bundesliga-Spieler besitzen im Durchschnitt ELO-Zahlen zwischen 2150 und 2350 ELO. (IM)

Das Spielstärken-Verhältnis zwischen Schachcomputern und menschlichen Schachspielern

Die so enorm gestiegene Spielstärke erstklassiger Schachcomputer in den letzten Jahren hat in allen Schachclubs, in denen Schachcomputer verfügbar sind, und auch in der freien Spielpraxis zur Folge gehabt, daß der Computer, wenn er auf ›Turnierspielstärke‹ eingestellt ist und auch die ›Eröffnungsbibliothek‹ eingeschaltet hat, tatsächlich die überwiegende Mehrheit aller gegen ihn antretenden menschlichen Schachspieler, bis hinauf zum Ligaspieler, ziemlich mühelos besiegt. Aus diesem Grunde und weil jeder Schachcomputer in beliebiger Steigerung von der niedrigsten Spielstufe (0-Stufe) stufenweise oder kontinuierlich auf immer höhere Spielstärkenstufen eingestellt werden kann, ist der erstklassige Schachcomputer – vorausgesetzt, daß seine Eröffnungsbibliothek abschaltbar ist – für jeden Schachmeister-Anwärter als idealer Trainingspartner brauchbar.

Denn jeder Schachcomputer ist auch bei Einstellung auf die niedrigste Anfängerstufe (0 Sekunden Bedenkzeit) wegen seiner außerordentlichen Kombinationskraft und absoluten Zuverlässigkeit, die er innerhalb von Sekundenbruchteilen ohne jeden Fingerfehler anzuwenden imstande ist, immer noch ein recht starker Gegner.

Er kann auch bei dieser niedrigsten Einstellung nur dadurch besiegt werden, daß er solide ›überlistet‹ wird. Das heißt, er muß veranlaßt werden, zum Beispiel solche Materialvorteile zu erringen, die für ihn nicht wiedergutzumachende Stellungsnachteile zur Folge haben.

Auch kann er oft verleitet werden, ein Schach zu geben. Dadurch werden Figuren, die für die Verteidigung seiner Königsstellung unverzichtbar sind, ins ›Abseits‹ manövriert, so daß sie dann dort fehlen.

Schließlich können ihm mit Vorbedacht auch Opfer angeboten werden (Gambits, Figurenopfer auf f7 und h7, der ersten und letzten Reihe usw.), deren Annahme seinen König in vielzügige, hoffnungslose Mattnetze hineindirigiert etc.

Das alles setzt aber voraus, daß der menschliche Schachspieler weiter zu sehen und stärker zu ziehen fähig ist, als das der Computer auf der jeweiligen Spielstärkenstufe, auf die er eingestellt ist, kann. Eine solche Trainingsmethode aber können Sie in der Tat weit erfolgreicher mit Hilfe eines immer gleich stark und gleich zuverlässig spielenden elektronischen Schachcomputers durchführen und zur Verbesserung Ihrer eigenen Spielstärke ausnützen als mit einem menschlichen Schachpartner.

Ein Schachcomputer kennt übrigens auch keine Launen. Er ist absolut gefühllos, ihm gegenüber brauchen Sie sich niemals zu rechtfertigen, ja er protestiert nicht einmal, wenn Sie – um sich zu schulen – einen Zug oder ganze Zugfolgen zurücknehmen. Denn er hat keinerlei Ehrgeiz zu gewinnen, sondern will Ihnen nur mit allen seinen jeweils verfügbaren Kräften dienen.

Zwei praktische Beispiele für die üblichen Spielstufen-Einstellungen

1. Spielstufen von MEPHISTO/DALLAS

Stufe	Bedeutung	Anzeige	mittlere Zugzeit
Level 0	Anfängerstufe	■ LE 0 ■	ca. 3 Sekunden
Level 1	Blitzschach	■ LE 1 ■	ca. 5 Sekunden
Level 2	Standardstufe	■ LE 2 ■	ca. 10 Sekunden
Level 3	Schnellschach	■ LE 3 ■	ca. 30 Sekunden
Level 4		■ LE 4 ■	ca. 1 Minute
Level 5		■ LE 5 ■	ca. 2 Minuten
Level 6	Turnierstufe	■ LE 6 ■	40 Züge in 2 Stunden
Level 7	Spielzeit-Vorg.	■ LE 7 ■	nach Einstellung
Level 8	Zugzeit-Vorgabe	■ LE 8 ■	nach Einstellung
Level 9	Fernschach	■ LE 9 ■	ohne Zeitlimit

2. Spielstufeneinstellungen nach Feld-Koordinaten. Bei diesen Computern werden die Spielstufen mit Hilfe der Feld-Koordinaten eingestellt. Turnierstufen etwa durch die Einstellung auf das Feld B2, alle übrigen international gebräuchlichen Analysen- und Problemstufen durch andere B-Reihenfelder, auch Zeitstufen durch die C-Reihenfelder, etwa D1 – D8 wie beim ›Leonardo‹ und Mk 12 von SciSys-W Ltd. (Kasparov chesscomputer von Saitec Ltd.).

Warum Sie ein Schachcomputer zwingt, auf jeder Spielstufe sorgfältig zu analysieren, und Ihnen eben dadurch hilft, ihn zu besiegen*

Denn sobald Ihre Analyse falsch oder unzureichend ist, besiegt der Computer Sie!

Geschieht das aber, dann klärt Sie der Computer keineswegs darüber auf, warum und durch welche Züge oder Zugkombination er Sie besiegt hat – wie das Ihr stolzer menschlicher Gegner, vielleicht allzu ungenau, versucht –, sondern er überläßt es Ihnen ganz allein, das durch Zugwiederholung und tiefschürfende Analyse selbst herauszufinden, ohne dabei berichtigend einzugreifen. Das heißt, der Computer zwingt Sie dazu, selbst zu entdecken, warum Sie schwächer gezogen haben als er selbst und wie Sie das in Zukunft in ähnlichen Stellungen vermeiden.

Sobald Sie das aber erkannt und Ihrem Schachgedächtnis einverleibt haben, hat sich auch Ihre Spielstärke entsprechend und für alle Zeiten verbessert!

Aus diesem Grunde werden Sie nunmehr mit einer neuartigen Spielstrategie bekannt gemacht, die Sie dazu befähigt, auch die stärksten, auf dem Weltmarkt angebotenen Schachcomputer auf der Turnier-Spielstufe sicher zu besiegen, selbst dann, wenn Sie die schwarzen Steine führen.

---

* Einen systematischen Lehrgang finden Sie in ›Meister werden durch den Schachcomputer‹, ETB Taschenbuch, Düsseldorf 1988

Allgemeine Kennzeichnung der neuen Spielstrategie gegen Schachcomputer: ›Mit Schwarz gewinnen‹

Sie wissen bereits, daß in einem für den jeweiligen Schachcomputer gültigen Schachprogramm (ROM) die Art und Weise, wie der Computer seine Partien zu eröffnen oder das Mittel- und Endspiel zu führen hat, durch unveränderlich festgeschriebene Steuerungsbefehle als ›Zug-Berechnungsmethode‹ und ›Bewertungsfunktion‹ ein für allemal festgelegt ist.

Eine Spielstrategie aber kann nicht durch die Anwendung von immer gleichbleibenden Zwangszugfolgen und deren Varianten gekennzeichnet oder gar vorgeschrieben werden, sondern drückt sich durch ein ganz bestimmtes Verhalten während der Eröffnung und des Mittelspieles aus, das Züge und Zugfolgen veranlaßt, die je nach den Antworten des Gegners einem ganz bestimmten Plan und Verhalten (z. B. aggressiv, verteidigend, abwartend etc.) folgen, die eben von den strategisch angestrebten Zielen – auch im Bereich der taktisch-positionellen Kombinationen – bestimmt werden.

Es handelt sich also um ein spieltechnisches Verhalten, das weder in Eröffnungs- noch anderen Variantenabläufen ausgedrückt werden kann, das sich aber ganz gleichartig durch ganz verschiedene Partien und Eröffnungen hindurch so exakt kennzeichnen läßt, daß es sich als erfolgreiches strategisches Spielverhalten sowohl anhand praktisch gespielter Partien analysieren als auch theoretisch eindeutig begründen läßt.

Deshalb ist diese Strategie auch lehrbar und kann, was noch wichtiger ist, auch trainiert werden.

Demnach kann also der rein taktische Ablauf solcher Partien weitgehend verschiedenartig sein, obwohl die schachstrategische Entwicklung stets prinzipiell gleichartig erfolgt und auch in etwa gleichartige Endstellungen, die für Schwarz überwiegend gewonnen werden, jedenfalls aber die Remis-Breite nicht überschreiten, einmünden.

Es bedarf keiner besonderen Begründung, daß ein Schachspieler, dem es durch entsprechend dauerhaftes Training mit einem Computer gelingt, als Führer der schwarzen Steine mit dieser Spielstrategie in der überwiegenden Mehrzahl zu siegen, auch für einen etwa gleich spielstarken Meister ein ernst zu nehmender Gegner sein wird.

Weltmeister Alexander Aljechin als Vorbild für das MEPHISTO/DALLAS-Programm

Der Internationale Meister *Hans Müller* erzählt: »Während des Wiener Turniers 1922 schrieb eine Zeitung bei der Besprechung eines *Aljechin*-Sturmsieges, die Stellung habe den Eindruck erweckt, als wäre eine Elefantenhorde über sie hinweggebraust. Als *Aljechin* im Café Central diese Worte las, lächelte er befriedigt. Nach vielen Jahren brachte ich einmal die Sprache auf diese Glosse. *Aljechin* erwiderte grimmig: ›So soll es sein, so sollte es immer sein.‹«

Diese Entschleierung der Ziele, die *Aljechin* in seinen Schachkämpfen anstrebte, sagt allerdings nichts darüber aus, durch welche Eröffnungs-Entwicklung und Mittelspielführung es ihm gelang, dieses Ziel zu erreichen.

Er entdeckte nämlich durch das vorurteilslose Studium der von *Wilhelm Steinitz* entwickelten ›objektiven Bedingungen‹ die neue Spielstrategie der ›gleichzeitigen Flügelangriffe bei gesicherter Mitte‹, die ihm zu ungeahnten Turnier- und Wettkampferfolgen, insbesondere auch gegen *Aron Nimzowitsch* und dessen Anhänger verhalf.

Denn die meisten zeitgenössischen Schachmeister *Aljechins* ließen sich in der damaligen Zeit dazu verleiten – manche tun das sogar heute noch –, gesetzmäßigen Systemen, das heißt ganzen Spielstilen zu folgen, die sowohl *Siegbert Tarrasch* als auch *Aron Nimzowitsch* aus den taktisch-positionellen Einzelentdeckungen des ersten offiziellen Weltmeisters *Steinitz* herausdestilliert hatten.

So sehr sich auch *Alexander Aljechin* die ›objektiven Bedingungen‹ *Steinitz'* für seine eigene Spielweise zunutze zu machen verstand, so sehr lehnte er es auf das entschiedenste ab, aus diesen solitären Erkenntnissen angeblich gesetzmäßige Regeln abzuleiten und sich mehr oder weniger verbindlich nach ihnen zu richten, wie das *Tarrasch* und *Nimzowitsch* predigten.

Siegbert Tarrasch hatte insbesondere zeit seines Schachlebens das von ihm gepredigte schachliche ›Naturgesetz‹ vom ›absolut besten Zug‹, den es in jeder beliebigen Stellung zu entdecken gelte, verteidigt, ein Anspruch, der bereits deshalb für jeden Schachspieler vom Range eines Großmeisters als sinnlose Behauptung gelten mußte, weil, wenn er eine Wahrheit enthielte, es nur eine einzige Eröffnung geben müßte.

Merkwürdigerweise hat kein Schachspieler jemals an *Siegbert Tarrasch,* der nach einer Analyse von *Milan Vidmar* bereits die Eröffnungen ebenso »wie das Mittelspiel behandelte«, eine diesbezügliche Frage gerichtet und seine Stellungnahme erbeten. *Alexander Aljechin* hatte jedenfalls für solche apodiktischen Behauptungen ebenso wie für die »grundsätzliche Notwendigkeit« des »Tempogewinns« *(Tarrasch)* oder die »Verhinderung des befreienden Bauernzuges mit allen Mitteln« oder in der Eröffnung »mehr Deckung schaffen, als Angriff; auf Vorrat decken« *(Nimzowitsch)* nichts anderes als Verachtung übrig.

Solche angeblichen ›Schachgesetze‹ erweckten in Weltmeister *Alexander Aljechin,* wie er selbst gestand, »eine unüberwindliche Abneigung gegen überspannte

Theorien, die nur um ihrer selbst willen aufgestellt wurden«.

Wie recht der Weltmeister damit hatte, wies *Aljechin* insbesondere an dem von *Aron Nimzowitsch* ausgearbeiteten ›Mein System‹ in einer praktischen Partie gegen eben diesen Schachmeister 1930 in einem Turnier in San Remo unwiderleglich dadurch nach, daß er ihn präzise unter Verwendung seiner angeblich unerschütterlichen Spielgrundsätze, zu deren Anwendung er ihn in der Partie fortwährend zwang, auf spektakuläre Weise vernichtend besiegte.

Weltmeister Aljechin widerlegt ›Mein System‹ von Schachmeister Aron Nimzowitsch, indem er ihn mit dessen eigenen Waffen besiegt

A. Aljechin   *A. Nimzowitsch*

1. e2 – e4   e7 – e6
2. d2 – d4   d7 – d5
3. Sb1 – c3   Lf8 – b4
4. e4 – e5   c7 – c5

Mit dem Zug von Weiß, der genau der »Verhinderung des befreienden Bauernzuges« (›Mein System‹) zu dienen scheint, kommt *Aljechin* dem Spielsystem *Nimzowitsch* – wie sich zeigen wird, nur scheinbar – entgegen.

5. Lc1 – d2   Sg8 – e7

In seiner Befriedigung über seine scheinbar erreichte Dauerverhinderung des Bauern-Befreiungszuges folgt *Nimzowitsch* mit Sg8 – e7 sogleich dem weiteren Grundsatz von ›Mein System‹, nämlich »mehr Deckung schaffen als Angriff; auf Vorrat decken«, anstatt, was durchaus möglich gewesen wäre, mit 5. ... Sb8 – c6 das drohende 6. Sc3 – b5, Lc3xLd2 7. Dd1xLd2, mit Sc6xd4! zu kontern und nach 8. Sb5xSd4, c5xSd4 9. Sg1 – f3, Sg8 – e7 10. Sf3xd4, Se7 – c6 11. Sd4xSc6 (11. Lf1 – b5, Dd8 – b6) b7xSc6 12. Lf1 – d3, Dd8 – b6

13. Ta1 – b1, Lc8 – a6 bei gesichertem Zentrum sowohl das Gleichgewicht der Stellung als auch die Initiative zu behalten.

6. Sc3 – b5   Lb4xLd2+
7. Dd1xLd2   0 – 0

Wieder folgt *Nimzowitsch* seinem Grundsatz »mehr Deckung schaffen als Angriff; auf Vorrat decken«, statt den Versuch zu machen, das weiße Bauernzentrum zu erschüttern und seine Figuren mit Tempogewinn weiterzuentwickeln.

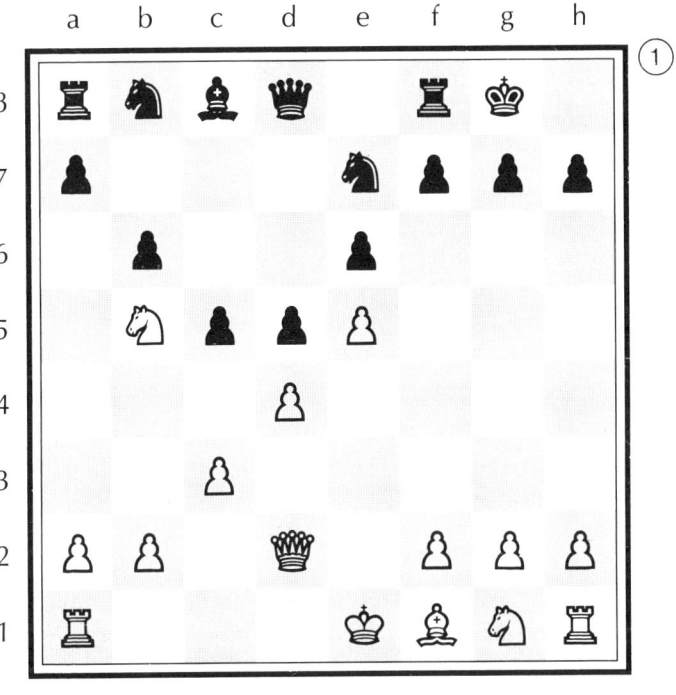

Nach 7. ... 0 – 0   Weiß zieht

8. c2 – c3   b7 – b6

Nimzowitsch entdeckt, daß seine passive ›Deckung auf Vorrat-Spielweise‹ zur Folge haben wird, daß sein Lc8 bald zu völliger Wirkungslosigkeit verdammt sein wird. Er sucht deshalb nach einem Weg, diesen Läufer, wenn möglich, über das Feld a6 gegen den stärkeren weißen Lf1 abzutauschen.

Aljechin, der Spezialist für Flügelangriffe bei gesichertem Zentrum, erkennt bereits hier eine Chance, sein Ziel auch in dieser Stellung zu erreichen und damit den Grundsatz des *Nimzowitsch*-Systems, die ›Verhinderung des befreienden Bauernzuges‹, die Schwarz hier die Beherrschung des Feldes d6 kostet und damit eine dauernde offene Wunde in seiner Stellung aufgerissen hat, zu widerlegen.

Er versucht deshalb systematisch, die endgültige Verfestigung der bauernverzahnten Zentrumsstellung vorwärts zu treiben.

  9. f2 – f4   Lc8 – a6
 10. Sg1 – f3   Dd8 – d7
 11. a2 – a4   Sb8 – c6

Aljechin bekommt nun durch das Abspiel die offene Einbruchslinie in die schwarze Stellung nach b2 – b4 und b5xb4, die ihm, bei fast total gesichertem Zentrum, den entscheidenden Flügelangriff erlauben wird.

  Es sei denn, Schwarz entschließe sich nach 7. b2 – b4 zu c5 – c4.

  Dann kann Weiß nach Sb5 – d6 seine sämtlichen schweren wie leichten Figuren unbesorgt zum Flügelangriff auf die schwarze Königsstellung umgruppieren, wobei die ›blutende Wunde‹, die Besetzung des schwarzen Feldes d6 bzw. die zusätzliche Beherrschung durch einen weißen Springer, die schwarze Verteidigung entscheidend behindern wird.

7. b2 – b4   b5xc4
8. c3xb4   – – –

Nun steht die geöffnete c-Linie Weiß für den unaufhaltsamen Aufbau seiner schweren Figuren zum Einbruch in die schwarze Stellung zur Verfügung.

Damit aber wird der schwarze La6 zur wichtigen Verteidigungsfigur, weshalb ihn *Nimzowitsch* sogleich nach b7 zurückzieht.

8. – – –   La6 – b7

Damit aber sieht *Aljechin* eine neue Chance, die endgültige Verfestigung des Bauernzentrums durch Schwarz zu provozieren.

9. Sb5 – d6   f7 – f5

Es ist deutlich, daß Schwarz versuchen muß, den weißen Bf4 festzunageln, da er andernfalls eine entscheidende Rolle in einem Angriff auf die schwarze Königsstellung spielen würde. Doch kann Schwarz den Zug f7 – f5 so lange nicht wagen, als Weiß darauf mit e4xf5 antworten kann. Zu *Nimzowitschs* Überraschung und wahrscheinlich auch versteckten Freude hat *Aljechin* aber durch seinen Springerzug nach d6 für Schwarz f7 – f5 risikolos gemacht, weshalb ihn *Nimzowitsch* auch ohne zu zögern durchführt. Denn den drückenden Sd6 kann er ja durch Se7 – d8 zum Abtausch zwingen.

Das alles sieht *Nimzowitsch* in dieser Stellung offensichtlich, ohne sich durch eine ausführliche Analyse vorher die Gefahren bewußt zu machen, die nunmehr seinem Damenflügel durch einen klar vorauszusehenden Angriff über die offene c-Linie drohen werden.

Andernfalls hätte er vielleicht doch den Gegenangriff durch 9. ... a7 – a5 vorgezogen.

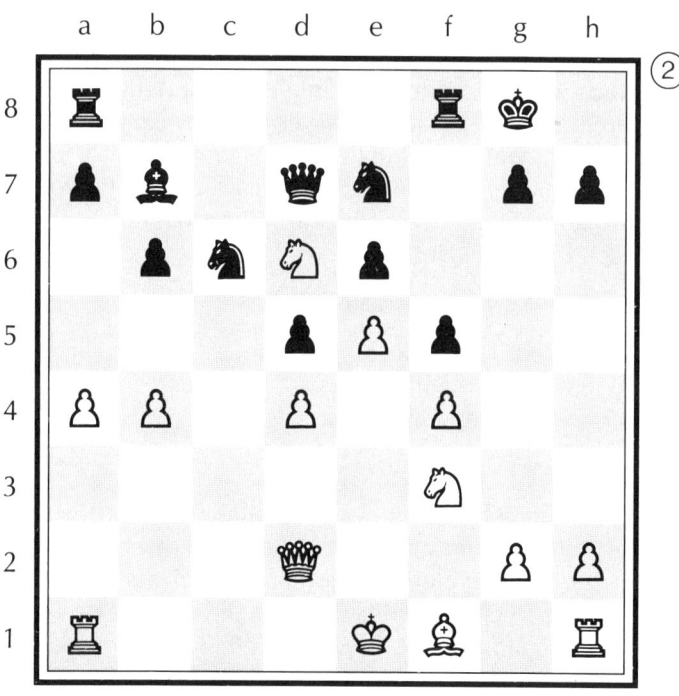

nach 9. ... f7 – f5 Weiß zieht

Nun aber ist es zu spät, und das Unglück nimmt Zug für Zug seinen unheilvollen Lauf.

10. a4 – a5 Se7 – c8

Machen Sie sich bitte klar, daß Schwarz nach 15. ... b6xa5 durch 16. b4 – b5, Sc6 – d8 17. Ta1xa5, Sd8 – f7 18. Sd6xLb7, Dd7xSb7 19. Ta1 – a6 trotz Ta8 – c8 durch 20. Lf1 – d3 in eine positionelle Zwangslage gerät, aus der er sich auf keinem Wege mehr befreien kann, so daß Weiß in aller Ruhe seinen Th1 mobilisieren kann.

11. Sd6xLb7 Dd7xSb7
12. a5 – a6 Db7 – d7

Nun sah es zwar für Schwarz so aus, als ob er durch 12. Db7 – e7 den Bb4 zum zweiten Mal hätte angreifen können, was *Nimzowitsch* aber wohlweislich unterläßt, weil er erkennt, daß Weiß sich diesen Bauern ruhig nehmen lassen darf; denn er gewinnt anschließend durch Lf1 – b5 mit Ta1 – b1 für den verlorenen Bauern einen ganzen Springer.

Andererseits hat die angegriffene Db7 kein sinnvolleres Fluchtfeld als d7, weil vom nächsten Zuge ab der Sc6 durch gehäufte Angriffe verloren zu gehen droht.

Da dieser Springer aber, wie leicht erkannt werden kann, die Aufgabe hat zu verhindern, daß ein weißer Turm über kurz oder lang sich auf der 7. Reihe von Schwarz festsetzt, sollte er, solange Weiß noch über die freie Angriffsbeweglichkeit seines weißfeldrigen Lf1 auf dem Damenflügel verfügt, nicht wegziehen, weshalb *Nimzowitsch* – ironischerweise sogar von *Aljechin* gewissermaßen gezwungen – seinen Grundsatz von der ›Deckung auf Vorrat‹ praktiziert.

18. Lf1 – b5 Sc8 – e7
19. 0 – 0 h7 – h6

Schwarz hat bereits keinen sinnvollen Verteidigungszug mehr, als dem Sf3 das Feld g5 wegzunehmen, doch könnte Weiß nicht einmal mehr durch ein schwarzes Figurenopfer daran gehindert werden, den Einbruch seiner schwarzen Figuren über die offene c-Linie vorzubereiten.

Nach 10 weiteren Zügen erreichte *Nimzowitsch* unter Aufbietung seiner ganzen Verteidigungskraft schließlich die folgende prototypische Stellung und glaubte gerettet zu sein:

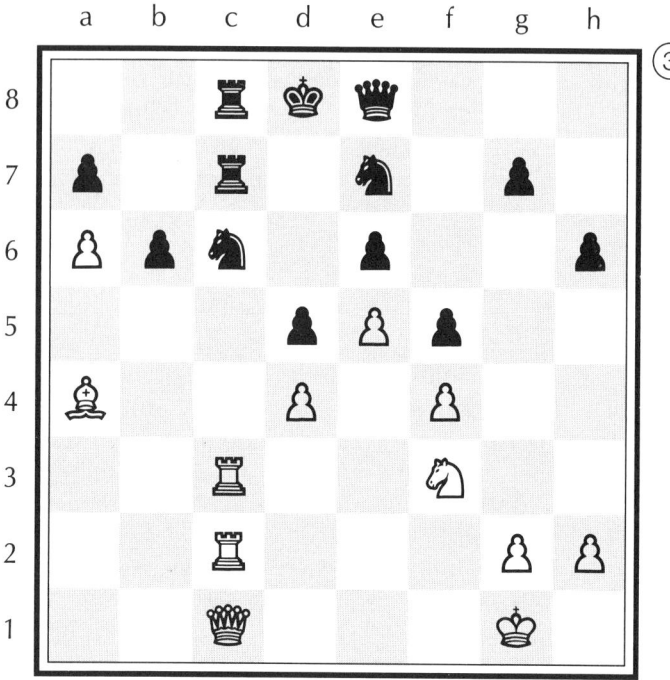

nach 29. ... Dd7 – e8   Weiß zieht

Doch Weltmeister *Aljechin,* der in Flügelangriffen bei gesicherter Mitte so Erfahrene, wußte es besser. Er sah, weil er seine ganze Spielführung darauf abgestellt hatte, daß *Nimzowitsch* keine einzige seiner am Damenflügel zusammengedrängten Figuren von ihrem Standfeld entfernen durfte, wenn er nicht eine Figur ohne jede Kompensation – und damit seine Partie – verlieren wollte. (Prüfen Sie das bitte nach.)

Es kam für Weiß also nur noch darauf an, Schwarz in eine Zwangszugstellung hineinzumanövrieren, was angesichts des unbeweglich verzahnten Bauernzentrums durch den Vormarsch des weißen Bh2–h4 und der hoffnungslosen schwarzen Bauern auf dem Damenflügel in wenigen Zügen zu erreichen war.

Nimzowitsch machte noch einen Verzweiflungszug mit seiner Dd7–e8, erkannte aber gleichzeitig die Hoffnungslosigkeit seines Zuges und gab, ohne *Aljechins* Antwort abzuwarten, gleichzeitig auf.

Weltmeister Aljechins Spielstrategie als Vorbild für Ihren Trainingserfolg ›Mit Schwarz gewinnen‹ durch das MEPHISTO/DALLAS-Programm

Erinnern Sie sich an die im Vorwort zitierten Bekenntnis-Sätze von GM *Ludék Pachman* über die Möglichkeiten, gegen einen gleichstarken Gegner mit den schwarzen Steinen zu gewinnen: »Denn die Verteidigungstechnik hat sich gerade in den letzten Jahrzehnten sehr vervollkommnet; außerdem haben die Theoretiker gerade für mit Schwarz Spielende supersolide Eröffnungssysteme ausgearbeitet..., daß sogar bei einem bestimmten Unterschied in der Spielstärke die Remis-Breite sehr groß bleibt. Ich selbst habe in meiner Schachlaufbahn auch gegen stärkere Gegner ungefähr in 95% der Fälle nur dann verloren, wenn ich ›unbescheiden‹ war und den möglichen Sieg keineswegs ausschloß.«

Diese Auffassung von GM *Pachman,* daß der Führer der schwarzen Steine grundsätzlich ein Verteidigungsspiel betreiben müsse, wenn er sich nicht der Verlustgefahr aussetzen will, kann, dank der verläßlichen Spielmöglichkeiten erstklassiger Schachcomputer, als nur die halbe Wahrheit nachgewiesen werden.

Sie gilt zwar uneingeschränkt für alle ›klassischen‹ Eröffnungen des 19./20. Jahrhunderts und auch alle taktisch-positionell begründbaren Eröffnungs- und Mittelspielführungen, nicht aber auch für Eröffnungen von

Schwarz, die vom ersten Zuge an konsequent und langfristig rein strategisch angelegt werden.

Daß dieser Nachweis heute durch Partien, die von Menschen gegen Computer gespielt werden, möglich geworden ist, verdankt die Schachwelt sowohl dem Weltmeister *Alexander Aljechin* – Vorbild des amtierenden Weltmeisters *Garri Kasparow* – als auch insbesondere dem Weltmeister-Schachprogramm MEPHISTO/DALLAS, auf das nach eigenem Eingeständnis seiner Hersteller »die Ideen des großen *Aron Nimzowitsch* (›Mein System‹) inspirierend eingewirkt« haben, als dessen »wertvollste Eigenschaft ... die Beherrschung aller relevanten zentralen Bauernstrukturen im Sinne einer echten Mustererkennung (pattern recognition)« ausgelobt wird.

Dieses grundsätzlich gleichartige, taktisch-positionelle Spielverhalten des erstklassigen Schachcomputers hat es möglich gemacht, das weiter oben in der Partie *Aljechin/Nimzowitsch* analysierte prototypische Spielverhalten von Weltmeister *Aljechin* analog auf eine neuartige, grundsätzlich langfristige Eröffnungsstrategie von Schwarz zu übertragen. Sie konnte in glücklicher Weise in vielen Wettkampfpartien mit dem MEPHISTO/DALLAS und Kasparov/LEONARDO auf der Turnierstufe Level 6 bzw. B2 ausführlich getestet werden.

Die Ergebnisse beweisen, daß der Spielstil ›Mein System‹ von *Nimzowitsch* als Basis des DALLAS-Programms im gleichen Sinne ungeeignet ist, wie das von *Aljechin* in seiner Turnierpartie 1930 gegen *Nimzowitsch* in San Remo nachgewiesen wurde.

Bei fehlerfreiem Spiel von Schwarz kommt es zu ganz analogen Endstellungen, mit deren analytischem Vergleich der systematische Lehrgang von ›Mit Schwarz gewinnen‹ nunmehr eingeleitet werden soll.

Analoge Partiestellungen:
Aljechin gegen Nimzowitsch 1930 und MEPHISTO/DALLAS gegen H. C. Opfermann 1987

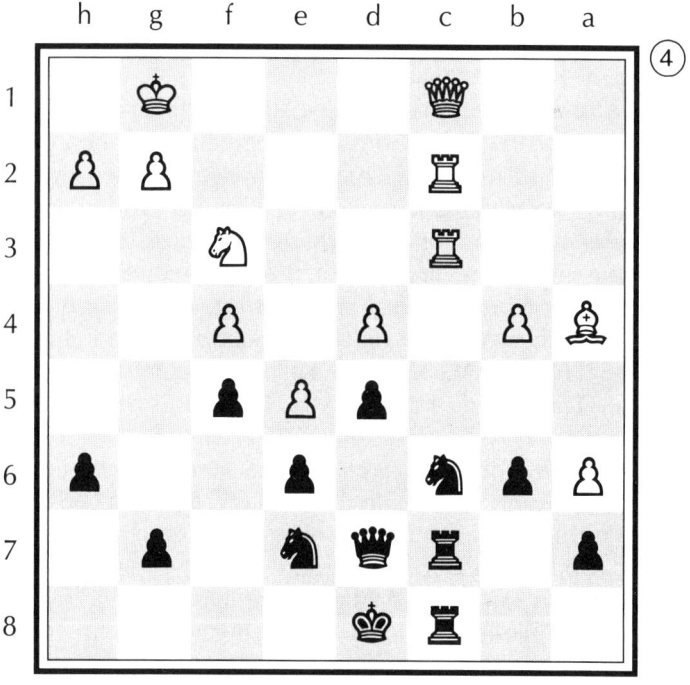

nach 29. Lb5 – a4   Schwarz zieht

Um das unauflösbar verfestigte Bauernzentrum, von dem der jeweilige Angreifer profitiert, leichter erkennbar zu machen, ist die erste Stellung auf dem Kopf stehend abgebildet.

In beiden Stellungen hat es der Angreifer fertiggebracht, nicht nur das Bauernzentrum unauflösbar zu verzahnen, sondern auch durch die Vertripelung aller schweren Figuren, der beiden Türme und der Dame über eine offene Linie einen übermächtigen Druck auf die gegnerische Stellung auszuüben.

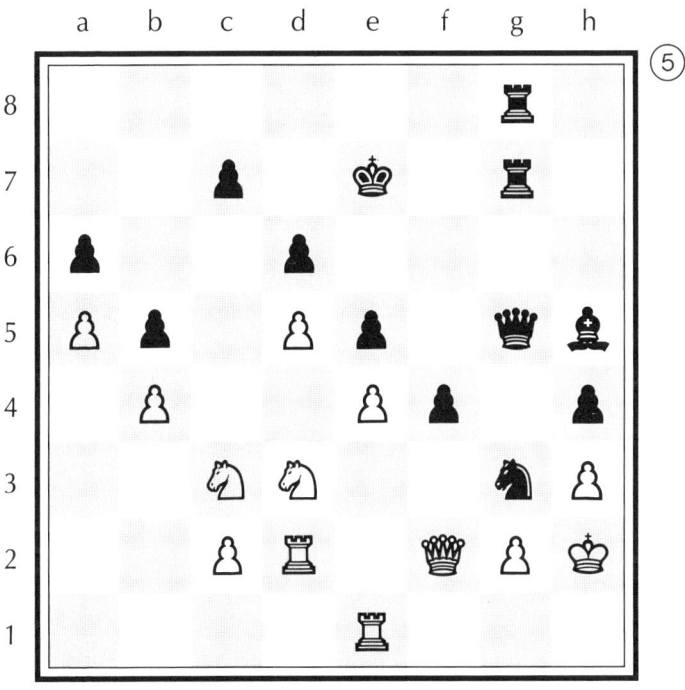

nach 34. ... Le8–h5   Weiß zieht

Der jeweils Angegriffene kann sich in beiden Stellungen keinen neutralen Zug erlauben, geschweige denn darf er, etwa zu Eroberungszwecken, eine Figur aus dem Verteidigungsbereich wegziehen.

In der oberen Stellung *Aljechin/Nimzowitsch* ist die Zugzwang-Situation von Schwarz offensichtlich.

In der unteren Stellung steht MEPHISTO/DALLAS vor der Aufgabe, die Zertrümmerungsgefahr für seinen Königsflügel zunächst einmal überhaupt zu erkennen und anschließend einen ausreichend wirksamen Verteidigungszug dagegen zu finden.

Von seltenen seltsamen Verhaltensweisen erstklassiger Schachprogramme

Es gehört zu den anscheinend undurchschaubaren Geheimnissen, die in den Schachcomputer-Programmen verborgen sind und die nicht einmal von schachkundigen Computer-Fachleuten – sofern sie nicht zu der kleinen Gilde der Schachcomputer-Programmierer gehören, die solche Programme entwerfen – klar genug durchschaut werden, warum ein so weitgehend selektiv nach der Shannon A/B-Strategie und in voller abgestufter Breite mit anschließender Selektivsuche begabtes Programm wie das DALLAS und ROMA-Weltmeisterprogramm auf der Turnierstufe, Level 6 und LE 4O usw. unfähig ist zu erkennen, daß sich in Stellung 5 sein Königsflügel einer in wenigen Zügen verwirklichbaren tödlichen Mattgefahr nähert.

Das ist um so merkwürdiger, als sogar jeder einigermaßen fortgeschrittene Schachspieler, der von einer Meister-Spielstärke noch weit entfernt ist, das ohne große analytische Anstrengungen erkennen, jedenfalls aber deutlich genug erahnen kann.

Denn eine so massive Anhäufung schwerer schwarzer Figuren auf einer offenen Linie, die auf eine total zusammengedrängte Königsstellung zielt, deren verteidigende Figuren wegen eines fest verzahnten Bauernzentrums nur noch die erste und zweite Reihe zur Verfügung haben, wobei sich auch noch sämtliche Leichtfiguren, Läufer und Springer an dem Flügelangriff ungehindert beteiligen, signalisiert stets allerhöchste Gefahr.

Angesichts einer solchen gefährdeten weißen Stellungsstruktur, die bereits auf den ersten Blick zu erkennen ist, käme kein fortgeschrittener lebender Schachspieler auch nur auf die Idee – wie das der Computer tatsächlich tut –, zu überlegen, ob er mit Df2 – a7 den Versuch machen sollte, zwei Bauern zu gewinnen.

Im Falle der Stellung ⑤ schließt sich dann noch eine Frage an, die zwar auch der fortgeschrittene Schachspieler nicht ohne ausführliche bedenkzeitverschlingende Analyse beantworten kann, nämlich, daß der weiße König, falls sich die weiße Df2 vom Königsflügel ins Abseits des Bauerngewinns weglocken läßt, in spätestens 10 Zügen mattgesetzt sein wird.

Die präzisierte Frage lautet also, warum das Weltmeister-Computerprogramm, dem eine zuverlässige Suche von 3 – 4 Halbzügen in ›voller Breite‹, anschließend 3 – 4 Halbzüge in stufenweise verringerter Breite und dann noch eine ›selektive Suche bis zu 20 Halbzügen in schmalen tiefen Räumen‹ nachgesagt wird, nicht imstande sein soll, diese Zwangsmatt-Kombination herauszurechnen?

Dem Autor ist es jedenfalls nicht gelungen, die beiden Weltmeister-Programme zu veranlassen, diese Suche, trotz wiederholter Aufforderung auf der Turnier- oder der Analysen-Stufe, erfolgreich durchzuführen. Beide Programme bestanden im Gegenteil hartnäckig darauf, den Bauerngewinn zu realisieren.

Und das ging folgendermaßen zu:

36. Df2 – d7	Ke7 – d7
37. Da7xa6	Sg3 – e2
38. Da6xb5 +	Kd7 – e7

39. Td2xSe2	Lh5xTe2
40. g2 – g4	h4xg3 e.p.
41. Kh2 – h1	f4 – f3
42. Sc3xLe2	f3 – f2
43. Kh1 – g2	f2xTe1/S+
44. Sc3xSe1	Dg5 – e3
45. Se1 – d3	De3xSe2+
46. Kg2 – g1	Tg8 – f8
47. Sd3 – f4	De2 – f2 ‡
48. Kg1 – h1	Df2 – h2+

Da es sich bei dieser Stellung nicht um ein übliches Stellungsproblem handelt, das ohne oder mit Nebenlösungen innerhalb einer festgelegten Zügezahl gelöst werden kann, sondern um eine Stellungsaufgabe, die bestenfalls mit dem Hinweis: ›Weiß zieht und verliert‹ präsentiert werden könnte, kann sie auch dem Computer nur noch als Fernschach-Partiestellung zur Fortsetzung angeboten werden. Das DALLAS-Programm setzt auch dann leider nach einer beliebig lang ausgedehnten Bedenkzeit mit Df2 – a7 fort.

Deshalb bleibt Ihnen nichts anderes übrig, als selbst einen besseren Fortsetzungskurs für Ihren Trainingspartner herauszuanalysieren und durch Seitenwechsel Ihrem Computer die Fortsetzung der Partie mit den schwarzen Steinen zu überlassen.

Wie wäre es zum Beispiel mit dem Zug in Stellung ⑤

36. Te1 – g1   – – –

(Vergessen Sie nicht, von der Fernschach-Spielstufe 9 zunächst durch die Taste LEV 9 auf die Turnierstufe LEV6 zurückzuschalten.)

36. – – –   f4 – f3

Nun liegt es für Schwarz doch sehr nahe, zuerst die Fortsetzung 37. Sg3 – e2 zu analysieren, nachdem die weiße Dame auf den einzigen Platz gezogen worden ist, von dem aus sie den angegriffenen Td2 deckt.

(37.) Df2 – e1   Sg3 – e2

Weiß kann sich nach dem Zuge von Schwarz jedoch ausreichend verteidigen.

(38.) Td2xSe2   f3xTe2
(39.) Sc3xe2   Lh5xSe2
(40.) De1xLe2   Dg5 – g3+

Und Weiß hätte einen Bauern mehr und nichts mehr zu fürchten.

Zurück zum 37. Zuge von Schwarz, der stärker spielen müßte, wenn sein Flügelangriff erfolgreich beendet werden soll.

37. Df2 – e1   Sg3 – f1+
38. Tg1xSf1   – – –

Es ist deutlich, daß Weiß nur mit dem Tg1 schlagen darf, da er sonst mehr als nur zwei Figuren verliert.

38. – – –   f3xg2
39. Tf1 – g1   Lh5 – f3
40. Sc3 – e2   Lf3xe4
41. Td2 – d1   Tg7 – f7
42. Sd3 – c1   Tf7 – f1!
43. De1 – c3   Ke7 – d8
44. Sc1 – b3   Tf1 – f3

Weiß gibt auf, weil er nach 45. Dc3 – e1, Tf3xh3+ 46. Kh2xTh3, Le4 – f5+ 47. Kh3 – h2, Dg5 – g4 in spätestens zwei Zügen mattgesetzt wird. (Falls 45. Dc3xTf3, so Le4xDf3.)

Auch kann Weiß nach 46. ... Le4xDf3 die Zugfolge 46. ... Dg5 – g3+ 47. Se2xDg3, h4xg3✢ nicht mehr verhindern.

Bitte analysieren Sie die beiden Stellungen ausführlich, insbesondere auch daraufhin, wie der Erfolg des Flügelangriffs von den unerschütterlichen Bauernzentren abhängig ist. Wenn Sie dann die Spielstrategie, die zu den beiden Stellungen geführt hat, vollkommen durchschaut haben, sind Sie imstande, eine weitere Trainingspartie zwischen dem Autor, der die schwarzen Steine führt, und DALLAS, der die weißen Steine steuert, zur Stärkung Ihrer eigenen Spielstärke auszunützen. Sie werden dann auch die Übertragung der *Aljechinschen* Spielstrategie auf die Führung der schwarzen Steine leicht durchschauen bzw. würdigen können und miterleben, wie deren Konsequenzen fast vom ersten Eröffnungszuge an sich auswirken.

Partie: MEPHISTO/DALLAS gegen H.C. Opfermann im Hause der Fa. Hegener + Glaser in München am 10. 2. 1988 mit Eröffnungsbibliothek auf Turnier-Spielstufe, Level 6. Unregelmäßige Eröffnung

MEPHISTO/DALLAS H.C. Opfermann

1. Sg1 – f3   h7 – h6
2. e2 – e4   d7 – d6
3. Sb1 – c3   a7 – a6

Schwarz eröffnet völlig unkonventionell und macht nach klassischen positionellen Grundsätzen deutlich schwache Eröffnungszüge, die Weiß hoffen darf, nach vollendeter Entwicklung als Angriffsmarken berennen zu können.

  Selbstverständlich ist der Computer weit davon entfernt, etwa den Zug 1. ... h7 – h6 bereits als potentiellen ersten Zug eines Königsflügelangriffs zu erkennen, noch gar zu bewerten.

4. Lf1 – e2   – – –

Da Weiß im Zentrum bereits deutliche Raumvorteile besitzt, bereitet er in der Erwartung, daß Schwarz 4. ... e7 – e5 ziehen wird, sofort die Rochade vor, um nach dem Abtausch der Mittelbauern die jeweils entstehende offene Mittellinie mit einem Turm bewirken zu können.

4. – – – Sb8 – e7

Wieder ein nach klassischen Spielgrundsätzen unverständlicher Zug von Schwarz, der ebenfalls der Vorbereitung des Königsflügelangriffs dient.

5. 0 – 0 e7 – e6
6. d2 – d4 Lf8 – e7

Das sieht alles so aus, als ob Schwarz versucht, nun seinerseits die Rochade 0 – 0 vorzubereiten und beabsichtigt, als Gesamtanlage eine möglichst risikoarme Verteidigungsstellung aufzubauen.

7. Lc1 – f4 Sd7 – f8

Hier würde ein menschlicher Schachspieler stutzig werden und einen möglichen Königsflügelangriff von Schwarz wenigstens prüfend ins Auge fassen.

DALLAS ist zwar weit davon entfernt, so vielzügig über seinen Such-Horizont hinaus zu rechnen, erkennt aber dennoch angesichts seines bereits erreichten Raumvorteils im Zentrum die positionelle Chance eines Angriffs auf den schwarzen Damenflügel, den er auch sofort vorbereitet.

8. Lf4 – e3 g7 – g5

Der Computer verschwendet keinen Rechengedanken an eine mögliche Gefährdung seiner scheinbar völlig gesicherten Königsstellung und baut weiter an seinem Angriff auf den scheinbar so schwachen schwarzen Damenflügel.

9. d4 – d5 e6 – e5

Und schon hat Schwarz die erste Stufe des verfestigten, auf der Königsseite nicht mehr zu erschütternden Bauernzentrums erreicht.

10. Dd1 – d3   Sf8 – g6

Beide Partner verstärken ihre Vorbereitungen auf die Flügelangriffe.

11. Tf1 – d1   Sg6 – f4

Schon nützt Schwarz seine Chance aus, entweder den wichtigen weißen Verteidigungs- wie Angriffsläufer abzutauschen oder aber eine offene Angriffslinie auf den weißen Königsflügel bei gesichertem Bauernzentrum und weit vorgeschobenem Bf4 zu bekommen.

Der Computer möchte, wie es scheint, lieber seinen starken Le2 zum Angriff auf den schwarzen Damenflügel behalten. Er zieht es deshalb vor, seinen ohnehin bewegungseingeschränkten Le3 gegen den vorgeschobenen, gefährlichen Sf4 abzutauschen.

Es kommt dazu, daß DALLAS die strategische Gefahr, die er sich mit der für Schwarz halbgeöffneten g-Linie eingehandelt hat, nicht erkennen kann, weil sie seinen Such-Horizont samt seinen positionellen Bewertungsfunktionen überbeansprucht.

12. Le3xSf4   g5xLf4
13. Sf3 – d2   – – –

Erinnern Sie sich noch der Grundsätze, die Schachmeister *Aron Nimzowitsch* im Rahmen seiner ›Mein System‹-Strategie als fundamentale Verhaltensweise empfohlen hat? »Mehr Deckung zu schaffen als Angriff, auf Vorrat decken.« Hier praktiziert DALLAS, der ja von diesem ›Mein System‹ befruchtet worden ist, einen solchen Fall.

Der Computer erwartet über kurz oder lang die Fortsetzung des schwarzen Angriffs durch f7–f5, weshalb er

1. vorsorglich den Be4 ein weiteres Mal ›auf Vorrat‹ deckt.
2. Seinem Le2 die Möglichkeit verschafft, dem Ke8 vom Feld h5 aus ein rochadevernichtendes Schach zu geben.
3. Der weiteren Entfaltung seines Angriffs aus dem Hinterhalt gegebenenfalls eine weitere Unterstützung zu ermöglichen, oder aber auch, falls nötig, vom Feld f1 aus zur Verteidigung seines Königsflügels beizutragen.

Schwarz aber weiß sehr gut, daß er sich gegen die geballten Verteidigungsmöglichkeiten des weißen Königsflügels nur dann erfolgreich wird durchsetzen können, wenn er auch den Bh6 zur Mitwirkung am Angriff einsetzen kann.

13. – – – h6–h5
14. Dd3–c4 h5–h4

Beiderseitige Angriffsfortsetzung

15. h2–h3 Lc8–d7

Schon zeigt der schwarze Bh3 seine Angriffskraft. Das Programm erkennt klar, daß Weiß es sich, angesichts der praktisch unerschütterlichen Bauernkette im Zentrum, nicht leisten kann, die vor dem Kg1 stehenden Bauern wie auch immer abtauschen zu lassen.

nach ... Lc8 – d7   Weiß zieht

Er stoppt deshalb den weiteren Vormarsch des schwarzen Bh3, ohne Rücksicht darauf, daß damit nach ›klassischer‹ Spielauffassung eine Angriffsmarke für Schwarz geschaffen wird. Diese Marke ist um so gefährdeter, als sie bereits vom Ld7 opferbereit anvisiert wird.

Schwarz richtet sich auch sofort strategisch auf dieses Ziel ein, indem er die Diagonalverdoppelung Dc8 hinter Ld7 vorbereitet hat.

16. Sd2 – f3   Sg8 – f6

DALLAS erkennt die nunmehr auch sich im Bereich seiner taktischen Variantensuche entwickelnden Gefahren und kehrt mit seinem Sd2 reumütig nach f3 zurück.

Der schwarze Sg8 soll sich über h5 ebenfalls zum Sturm auf die weiße Königsstellung opferbereit aufstellen.

17. a2 – a3　　　　　Dd8 – c8

Da DALLAS eine unmittelbare Gefahr für seine Königsstellung nicht erkennt, bereitet er seinen Damenflügelangriff weiter vor.

Desgleichen macht Schwarz einen Damenzug, der zugleich verteidigt, als auch stark aggressiven Charakter hat.

18. Kh1 – h2　　　　　– – –

Dieser Deckungszug des weißen Königs verhindert das vorzeitige Opfer des Ld7.

Sollte Schwarz diesen Opferzug dennoch schon hier in der Hoffnung auf ein langfristig überlegenes strategisches Stellungsspiel wagen, dann würde er von Weiß bequem durch die einsatzbereiten Türme auf d1 und a1 widerlegt werden.

18. – – –　　　　　Sf6 – h5
19. Td1 – d2　　　　　– – –

Dieser weiße Zug macht nicht nur den Ta8 für den Königsflügel einsatzbereit, hinter ihm verbirgt sich auch eine Vidmarsche Abwartefalle. Falls nämlich Schwarz nun seinen Angriff ohne sorgfältiges Analysieren mit 19. Th8 – g8 fortsetzt, gewinnt Weiß nicht nur durch den Abtausch (19.) Sf3xe5 einen Bauern, sondern sprengt auch die stolze schwarze Bauernkette, was seine ganze ›Zentrum-Flügel-Strategie‹ ad absurdum führen würde.

19. – – –   Sh5 – g3
20. f2xSg3   f4xSg3+
21. Kh1 – g1   Ld7xh2

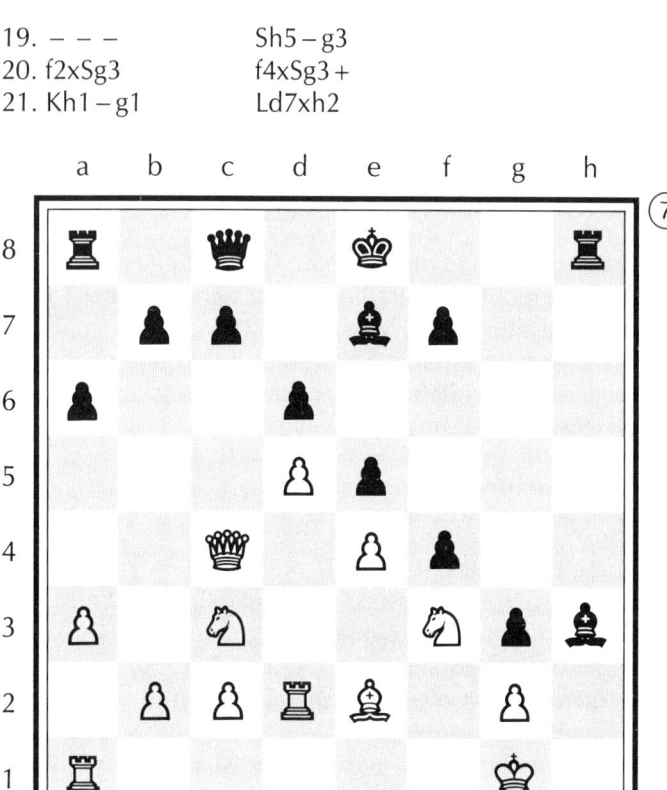

nach 21. ... Ld7xh3   Weiß zieht

Nach diesem schwarzen Figurenopferangebot ist die Fortsetzung des schwarzen Flügelangriffs leicht zu berechnen. Selbstverständlich darf Schwarz nun seinen Ld7 als Opfer anbieten – und ebenso selbstverständlich darf Weiß dieses Opferangebot nicht annehmen.

Weiß hat, wenn er das weitere Opferangebot 22. ... Lh3xg2 vermeiden will, nur den Zug 22. Dc4–a4+, woraufhin wiederum Schwarz wohl oder übel das Schachgebot durch ... Lh3–d7 zurückweisen muß.

DALLAS entschließt sich anschließend für Da4–b3, und Schwarz hat für den geopferten Springer nicht nur wenigstens zwei Bauern bekommen, sondern auch durch die nunmehr total geöffnete h-Linie und gedeckten Bg3 eine strategisch-positionelle Übermacht gewonnen, die Weiß angesichts des unverletzbar verzahnten Bauernzentrums nicht mehr zu widerlegen hoffen kann.

Sobald nun Schwarz seinem Ke8 ein ›Luftloch‹ geschaffen hat, in das er hineinziehen kann (z. B. durch Le7–f6 und Ke8–e7 etc.), kann er den Schlußangriff – weil der weiße Kg1 sein Standfeld nicht ohne eine mindestens zweizügige Vorbereitung aufgeben darf – mit einem weiteren Figurenopfer Th8–h1+ planen, weil durch nachfolgendes Dc8–h8+ und Dh8–h5 ein zweizügiges (Kf1, Dh1 usw.) oder durch Ta8–h8 ein Matt die unabwendbare Folge wäre.

Die außerordentliche strategische Kraft der schwarzen Stellung kann aber auch durch eine zwar kompliziertere und umständlichere schwarze Zugfolge nachgewiesen werden, die gleich unaufhaltsam und durch mancherlei Überraschungszüge zum Matt des weißen Königs führt. Sie soll um ihrer Kuriosität willen hier noch als Hauptvariante ausanalysiert werden.

22. Dc4–a4+   Lh2–d7
23. Da4–b3   Dc8–b8

Nun erkennt auch DALLAS die Drohung und findet durch eine gekonnte selektive Suche und überraschende Bewertung ein Opferspiel für Weiß – Weiß hat ja immerhin eine Mehrfigur im Spiel –, eine noch 14

Züge andauernde Verteidigung, bis er schließlich auch in diesem Variantenkomplex zur Aufgabe gezwungen wird.

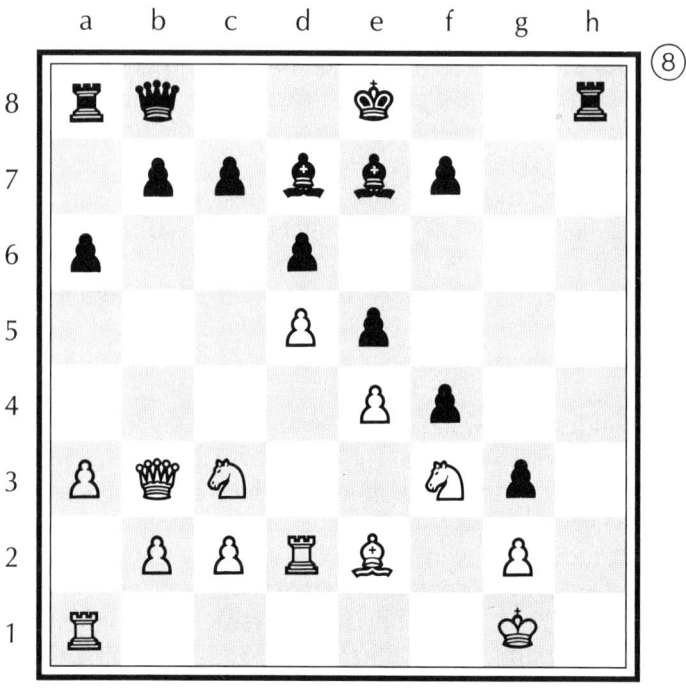

nach 23. ... Dc8 – b8   Weiß zieht

24. Db3 – c4	Db8 – a7+
25. Sf3 – d4	Le7 – f6
26. Sc3 – a2	0 – 0 – 0
27. Sa2 – b4!	Ld7 – b5
28. Dc4 – b3	e5×Sd4
29. Sb4 – d3	Th8 – h2
30. a3 – a4	Td8 – h8
31. Le2 – g4+	Kc8 – b8?

Der Zug des schwarzen Königs ist ein Fehlzug. 31. Lb5–d7 hätte den Zusammenbruch von Weiß beschleunigt.

32. Lg4–h3	Lb5–d7
33. Ta1–d1	Ld7–g4
34. a4–a5	Lg4xTd1
35. Td2xLd1	f4–f3

So bewunderungswürdig wie die Verteidigungsleistung von DALLAS in dieser Stellung ist, so gleichwertig bringt Schwarz nun seinen Angriff zum siegreichen Abschluß.

36. Td1–f1	f3–f2+
37. Tf1xf2	Th8xLh3
38. g2xLh3	Th2xTf2

Falls nun 39. Sd3xTf2, so d4–d3 mit Matt in zwei Zügen.

39. Db3–a4	b7–b5
40. a5xb5 e.p.	Da7xb6
41. Da4–b3	Db6xb3

Diese Stellungsvereinfachung sichert den Endsieg ganz eindeutig.

42. c2xDb3	Tf2–d2
43. Sd3–e1	Lf6–g5
44. Kg1–f1 (Sg2)	Lg5–e3
45. Se1–g2	Td2–f2+
46. Kf1–g1	Tf2xb2+
47. Sg2xLe3	d4xSe3

Weiß gibt auf.

Fazit I: Warum die klassische Eröffnungsbehandlung die Zentrumsverfestigung und den Angriffsvorsprung für Schwarz erleichtert

Worin besteht das Wesen der ›klassischen‹ Eröffnungsbehandlung?

1. In der Besetzung von Zentrumsfeldern mit Bauern.
2. In der tempogewinnenden Entwicklung der leichten Figuren.
3. In der planvollen Angriffsvorbereitung.

Der Beitrag des ersten großen Schachdenkers und Musikers André Danican Philidor

Die ersten *systematischen* Analysen auf dem Eröffnungsgebiet stammen von dem bedeutendsten ersten Schachdenker *André Danican Philidor,* der um 1726 ein neues Spielprinzip entdeckt hat, von dem er behauptete:

»... das sich kein Schachspieler jemals hat einfallen lassen oder das zu erkennen vielleicht auch noch niemand imstande war, nämlich die Bauern richtig zu führen. Denn sie sind die Seele des Schachspiels; sie allein formieren den erfolgreichen Angriff oder die Verteidigung: Von ihrer guten oder schlechten Aufstellung hängt der Gewinn oder der Verlust der Partie ausschließlich ab.«*

Die ersten schachanalytischen Grunderkenntnisse, die *Philidor* aus seinen theoretischen Analysen und praktischen Partien zog – er galt als unschlagbarer Schachmeister seiner Zeit, vor allem in Frankreich und England –, war die besondere Überlegenheit seiner Läuferpartien, in denen die Läufer auf ihren Diagonalen entwickelt werden konnten, ohne daß sie die Bauernbewegungen behinderten. Das war bei der Entwicklung der Springer nicht der Fall.

---

* ›L'Analyse des Echecs.‹ A Londres, l'an 1749, 170 Seiten

Der außerordentliche und viele Jahrzehnte anhaltende Erfolg, den *Philidor* in den Schachcafés in Paris und im Salopian Coffee House in London hatte, bewirkte, daß seine strategische Bauernführung und die Entwicklungsweise der leichten Figuren als die einzig richtige angesehen wurde.

Die überwiegende Mehrheit der ernstzunehmenden Schachspieler seiner Zeit folgten ihm ebenso wie der von Weltmeister *Lasker* als ›ungekrönter Weltmeister‹ bezeichnete Franzose *Charles Mahé de la Bourdonnais,* der *Philidors* bedeutendster Schüler und Nachfolger wurde.

Nur die Vertreter der italienischen Schule, die wie *Ercole del Rio, Modenese* und *Ponziani* ihre Bauern lieber opferten, um so rasch wie möglich, durch sogenannte ›Gambits‹, zu wilden Kombinationsschlachten zu kommen, bekämpften den *philidorschen* ›strategischen‹ Bauernstil in ohnmächtiger Wut und verteufelten ihn – wenn sie ihn schon nicht widerlegen konnten – als ›tödlich langweilig‹.

Der Beitrag von Wilhelm Steinitz und seiner Ausbeuter

Der erste Schach-Denker, der *Philidors* Erkenntnisse nach rund einhundert Jahren wieder ernsthaft aufnahm und zur Grundlage einer ganz neuen Spielweise umschmiedete, die bis zum heutigen Tage als Grundlage der modernen Schach-Ausbildung gültig geblieben ist, war – nach Beendigung des kombinatorisch-positionellen Zwischenspiels der Schach-Genies *Adolf Anderssen* und *Paul Morphy* – der erste offizielle Weltmeister *Wilhelm Steinitz*.

Auf ihn geht die von *Siegbert Tarrasch* weiterentwickelte ›klassisch‹ gewordene *Eröffnungsbehandlung* zurück.

Sie dekretierte:

1. Eröffne so, daß du ein möglichst weit vorgerücktes, aber unerschütterliches Bauernzentrum erhältst.
2. Versuche deine Läufer zuerst hinauszuentwickeln, bevor du hinter ihnen die Bauernkette schließt.
3. Stelle deine Türme möglichst gesichert auf offene Linien, wo sie Bewegungsfreiheit haben oder bekommen werden und den Vormarsch der Bauern unterstützen können. (Auch Nimzowitsch-Forderung.)
4. Um den raschen und wirksamsten Einsatz der Türme zu erreichen, versuche baldmöglichst zu rochieren, wodurch du auch meistens deinen König in eine geschützte Stellung hineinführst.

5. Halte deine Stellung, selbst auf Kosten einer verzögerten Entwicklung, möglichst so lange geschlossen, bis du deine Figuren hinter den Bauern planmäßig angriffsgerecht entwickelt hast. Erst dann führe die zu deinem Plan passende Linienöffnung herbei.

Diese Grundsätze bewährten sich so sehr, daß vom Ende des 19. bis in die zwanziger Jahre des 20. Jahrhunderts kein Schachmeister von internationalem Rang den Versuch machte, sie direkt zu widerlegen.

Es gab lediglich Angriffe auf die von *Siegbert Tarrasch* zu veritablen Schach-Gesetzen verfestigten Spielgrundsätze – die *Steinitz* ganz empirisch gefunden hatte – durch den internationalen Schachspieler von Großmeister-Rang, *Aron Nimzowitsch,* der durch die Ausarbeitung von ›Mein System‹ die kasuistischen Erkenntnisse *Steinitz'* neu zu definieren versuchte.

Nimzowitsch brachte jedoch damit kaum mehr zustande, als analoge Eröffnungsgrundsätze zu formulieren, wie sie bereits Tarrasch, gewissermaßen spiegelbildlich, ebenfalls hervorgebracht hatte, was beide aber nicht daran hinderte, sie mit aller Unerbittlichkeit als allgemeingültige Lehrsätze zu propagieren.

Der erste große Schach-Kämpfer *Alexander Aljechin* hat zwar durch seine intuitiv-geniale Spielführung die Schwächen des *Nimzowitsch*-Systems nachweisen und oft genug zu spektakulären Turniersiegen ausnützen können; er kam aber nicht dazu – wie etwa *Philidor* –, die von ihm in der Praxis so erfolgreich entwickelte Methode der Flügelangriffe bei gesichertem Bauernzentrum zur allgemeinen Widerlegung der ›klassischen‹ Eröffnungsbehandlung auf die Spielführung von Schwarz zu übertragen.

Das wurde erst mit der Weiterentwicklung der Schachcomputer bis zu ihrer gegenwärtigen Leistungshöhe methodisch-wissenschaftlich und nachprüfbar möglich, wie das die vorliegende Arbeit anhand praktischer Partien zu zeigen versucht.

Heutzutage ist es mit Hilfe der internationalen Spitzen-Schachcomputer, die sowohl ›initiativ‹ als auch durch ihre Eröffnungsbibliotheken in der Eröffnung, als auch im Mittelspiel den ›klassischen‹ Entwicklungs- und Beurteilungsgrundsätzen folgen, endlich möglich geworden, neue Spielstrategien nicht nur theoretisch, sondern auch durch praktische Partien beliebig zu testen.

Wir können heute endlich zum Beispiel der ›klassischen Spielweise‹ ein rein strategisches neues Konzept mit Schwarz entgegensetzen, das die allgemeingültige Widerlegung dieser Spielweise zum Ziel hat, und können die Ergebnisse durch die praktische Kampfpartie erschöpfend testen.

Daß diese Versuche, zum mindesten gegenüber den unflexibel angelegten Computer-Programmen, überwiegend siegreich ausgehen, das haben Sie in den hier analysierten Partien bereits selbst miterlebt. Es wird nun in einem weiteren prototypischen Beispiel erneut belegt und analysiert.

Partie: MEPHISTO/DALLAS
gegen H. C. Opfermann am 5. 8. 1987
ohne Eröffnungsbibliothek
auf Turnier-Spielstufe, Level 6,
Damenbauernspiel/Pirc

1. d2 – d4　　　　　　d7 – d6
2. e2 – e4　　　　　　Sb8 – d7

Eine ungewöhnliche, aber spielbare Antwort.

3. Lf1 – e2　　　　　　e7 – e6
4. Sb1 – c3　　　　　　a7 – a6
5. Sg1 – f3　　　　　　h7 – h6

Weiß entwickelt sich ›klassisch‹, Schwarz antwortet ›minderwertig‹.

6. 0 – 0　　　　　　　g7 – g5

DALLAS folgt streng den klassischen Entwicklungsgrundsätzen, während Schwarz durch seinen geradezu tollkühn wirkenden Bauernvorstoß nicht etwa einen ebenso unbegreiflichen wie aussichtslosen Flügelangriff beginnt, sondern sich lediglich für den späteren Angriff ein entscheidend wichtiges Mehr-Tempo sichern will.

7. Lc1 – e3　　　　　　Lf8 – g7
8. Dd1 – d2　　　　　　Sd7 – f8

Weiß baut sich planvoll und solide weiter auf. Er macht vor allem seine Türme beweglich.

Vergessen Sie nicht, daß Weiß ja noch mit einer Zertrümmerung der Mitte rechnen darf. Deshalb handelt DALLAS hier auch positionell ganz planentsprechend.

Der Springerzug von Schwarz würde einen fortgeschrittenen menschlichen Schachspieler allerdings stutzig machen – doch DALLAS kann keine unmittelbare taktische Gefahr entdecken, deshalb kümmert ihn 8. ... Sd7–f8 nur insoweit, als er die Stellung nun für einen weißen Sprengungsversuch im Zentrum für reif hält.

9. d4 – d5   e6 – e5

Die erste Verfestigung der Zentrumsbauern-Stellung ist geglückt, weil DALLAS die strategischen Gefahren, die dem weißen Königsflügel nunmehr drohen und an dem nunmehr sogar der schwarze Lc8 aktiv teilnehmen kann, nicht zu erkennen fähig ist.

10. Tf1 – d1   – – –

Für den Fall, daß Weiß von Schwarz durch g5 – g4 zum Rückzug seines Sf3 gezwungen werden würde, will Weiß seinen Tf1, den er zur Verstärkung des von DALLAS planmäßig vorbereiteten Damenflügelangriffs nötig zu haben glaubt, nicht einsperren lassen.

Schwarz aber läßt sich wiederum zu keiner Voreiligkeit hinreißen, sondern bereitet seinen Flügelangriff gleich planvoll weiter vor.

10. – – –   Sf8 – g6
11. Sf3 – e1   Sg6 – f4

Immer noch kann DALLAS keine unmittelbare taktische Gefahr entdecken. Er wird es im Gegenteil als Vorteil bewerten, daß er seinen schlechten Le3 gegen den gefährlich stehenden schwarzen Sf4 abtauschen kann.

12. Le3xSf4 g5xLf4

Daß DALLAS durch diesen Abtausch Schwarz dazu verhilft, nicht nur eine offene Angriffslinie auf die weiße Königsstellung zu bekommen, sondern auch noch einen ›Pfahl im Fleische‹, den Bf4, die sich beide gemeinsam aufeinander abgestimmt zur potentiellen tödlichen Gefahr weiterentwickeln lassen – das auch noch vorauszusehen geht weit über seinen ›Horizont‹* hinaus.

Selektives Programm Mephisto Dallas (Autor R. Lang)

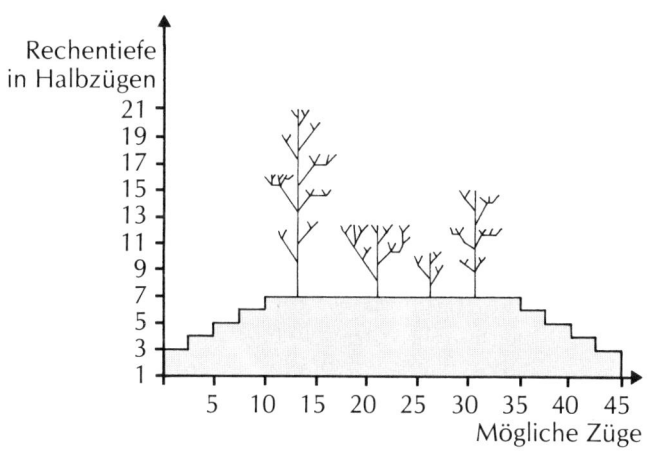

---

* Unter ›Horizont‹ wird die Grenze der Suchtiefe, d. h. die Zügezahl verstanden, die ein Computer jeweils zu erfassen und zu bewerten fähig ist. Diese Suche kann durch Beschränkung des Suchfeldes variabel gestaltet werden, wenn nur die sinnvollen Züge weiterverfolgt werden. Der durchschnittliche ›Horizont‹ auch erstklassiger Programme geht nicht über 3–4 Halbzüge in ›voller Breite‹, d. i. die Erfassung sämtlicher Zugmöglichkeiten einer jeweils untersuchten Stellung, hinaus, er kann aber durch ›selektive‹ Untersuchung einzelner schmaler ›Variantenbäume‹ erheblich erweitert werden.

- 3–4 Halbzüge volle Breite
- 3–4 Halbzüge mit verringerter Breite
- Anschließend selektive Berechnungen mit schmalen, tiefen Bäumen
- Viele Bewertungen (z. B. Pawn structures) an der Wurzel, wenig Bewertungen in den Endknoten

13. Se1 – f3   h6 – h5

DALLAS hat nun endlich erkannt, daß sich seinem Königsflügel eine akute taktische Gefahr nähert, weshalb er seinem Se1 eine stärkere Verteidigungsstellung gibt, die vor allem nach einem späteren h2 – h3 einen verteidigungswichtigen Rückzug nach h2 ermöglicht.

14. Dd2 – d3   Sg8 – h6
15. Dd3 – c4   Lc8 – g4

Schwarz bereitet die Diagonalverdoppelung Dame/Läufer vor, um den Ld7 gegebenenfalls gedeckt opfern zu können, was der Computer leicht entdecken kann und abzuwehren versucht.

16. Dc4 – b3   – – –

DALLAS glaubt sich die Fortsetzung seines Damenflügelangriffs leisten zu können, da er sich durch 13. Se1 – f3 und h2 – h3 taktisch gegen den Angriff auf seinen Königsflügel ausreichend verteidigen zu können glaubt. Aber Schwarz hat noch weitere Pfeile in seinem Köcher, die DALLAS nicht sieht.

16. – – –   Dd8 – c8

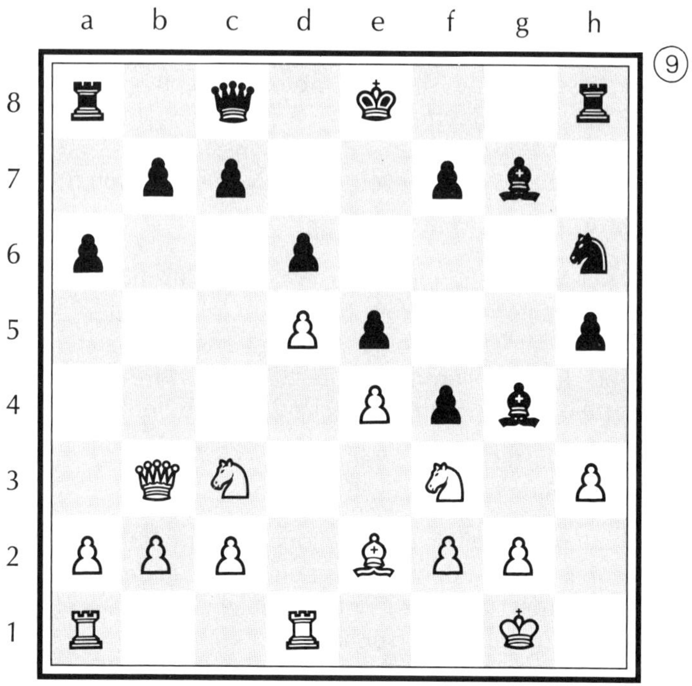

nach 17. h2 – h3   Schwarz zieht

17. h2 – h3   Lg4 – d7

Der strategisch-positionelle Vorteil, den Schwarz durch sein Manöver erreicht hat, ist leicht ersichtlich. DALLAS dagegen sieht einen möglichen Bauerngewinn.

18. Sf3 – e1   Th8 – g8

Schwarz opfert den Bh5 gerne für die erhebliche strategische Verstärkung seiner Angriffsstellung. Da DALLAS keine taktische Gefahr entdecken kann, hat er keine Bedenken, den Bh5 zu schlagen.

19. Le2xh5	Ld7xh3!
20. Lh5 – e2	Lg7 – f6
21. Td1 – d2	Lf6 – h4
22. a2 – a3	Sh6 – g4

Der schwarze Lh3 ist schwer vergiftet. ... (g2xLh3, Sg4xf2+). Dennoch ist DALLAS keineswegs beunruhigt.

23. Le2 – c4	b7 – b5
24. Lc4 – d3	Lh4xf2+
25. Td2xLf2	Sg4 – e3
26. a3 – a4	– – –

Immer noch hält DALLAS die weiße Stellung für stärker als die schwarze, zumal Weiß nun bereits eine Figur und einen Mehrbauern hat.

26. – – –	Lh3xg2
27. Se1xLg2	f4 – f3

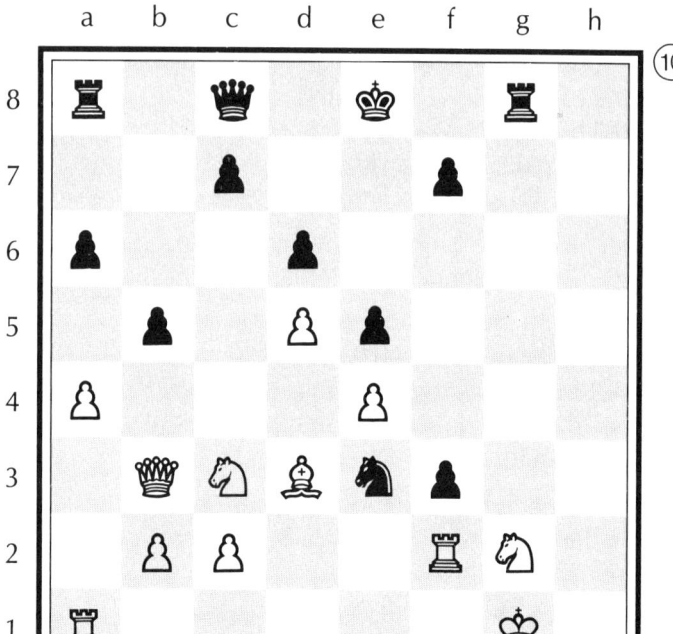

nach 27. ... f4–f3   Weiß zieht

28. Tf2xf3   Tg8xSg2+
29. Kg1–h1   Tg2–g7??

Damit hat Schwarz durch einen Anfall von Konzentrationsschwäche seine Partie verloren. – Denn nach 29. Dc8–g4 mit nachfolgendem ... Ke8–e7 (30. Le2, Dh4+) gäbe es für Weiß keine Rettung mehr.

Warum Sie vor Beginn einer Trainingspartie mit Ihrem Computer, der Sie mit der ›Zentrum-Flügel-Strategie‹ vertraut machen soll, vorsorglich die ›Eröffnungsbibliothek‹ abschalten

Die Anwendung der Eröffnungsbibliothek, die dem Computer zu Beginn jeder Partie durch sein Schachprogramm – je nach deren Variantenfülle – vorgeschrieben wird, reduziert die schachspielerischen Fähigkeiten des Computers zur bloßen Handlangertätigkeit.

Der Computer leistet, solange ihm diese Bibliothek Zugfolgen vorschreibt, die aus einer meist über hundertjährigen Tradition und diversen theoretisch-wissenschaftlichen Analysen stammen, keinerlei eigene Such- und Bewertungsarbeit. Er begnügt sich damit, lediglich der ›verlängerte Arm‹ eines altbewährten ›Schachlehrbuchs‹ zu sein.

Solange die Eröffnungsbibliothek den jeweils passenden Antwortzug in einer Stellung parat hat und im Display anbieten läßt, findet zwischen dem Spieler und dem Computer keinerlei Schach-Kampf statt. Es entsteht vielmehr ein völlig einseitiges Studium, das nur den Sinn hat festzustellen, ob ein von Schwarz angebotener Antwortzug in der Eröffnung bereits früher einmal von einem mehr oder weniger prominenten Schachspieler gespielt und aufgezeichnet wurde.

Das Programm selbst beginnt erst dann mit seiner eigenen, initiativen Suche und Bewertung, wenn sich im Archiv der Eröffnungsbibliothek kein Antwortzug mehr vorfindet, der als angemessen auf den gerade vorgeschlagenen Zug von Weiß bekannt geworden ist.

Da der Beistand der Eröffnungsbibliothek in vielen internationalen Spitzencomputern auch dann noch erfolgt, wenn in den gespielten Varianten Zugumstellungen vorgenommen werden, gibt es kaum Eröffnungen, an deren Zügen sich Eröffnungsbibliotheken nicht beteiligen. Das bedeutet aber, daß auch die ›Zentrum-Flügel-Strategie‹ von Schwarz durch den Einsatz umfangreicherer Eröffnungsbibliotheken in stets gleichartige Variantenverläufe abgedrängt werden könnte, die ihren eigentlichen Zweck, die traditionellen Spielweisen in der Eröffnung und im Mittelspiel erfolgreich zu bekämpfen, verhindert oder zu Kombinationsabenteuern verkrüppelt.

Sobald aber die jeweilige Eröffnungsbibliothek abgeschaltet ist, so daß der Computer entsprechend der Konstruktion seines Schachprogramms selbständige, ›initiative‹ Sucharbeit und Bewertungsentscheidungen aufbringen muß, wird er im Sinne des klassisch-traditionellen Spielverhaltens operieren, und zwar ganz exakt, wie sein Progamm ihm das vorschreibt.

Ihr Schachcomputer wird also erst nach der Abschaltung seiner Eröffnungsbibliothek zum idealen Analytiker und auch Trainingspartner, der in unerschütterlicher Zuverlässigkeit stets im gleichen Sinne und mit großer Rechengeschwindigkeit tätig wird. Er wird alle Antwortzüge, die Sie ihm zur Erprobung Ihrer Zentrum-Flügel-Strategie anbieten, getreu der klassischen

Spielauffassung, allein auf sich selbst gestellt, untersuchen, bewerten und beantworten. Er wird dabei auch Ihre Fehler und Schwächen präzise aufzeigen und sogar, falls Ihre strategische Spielführung sich schließlich seiner taktisch-positionellen gegenüber überlegen erweisen sollte, Ihren Endsieg unter Ausnützung auch der geringsten Chance soweit wie überhaupt nur möglich und zulässig hinauszuschieben versuchen.

**Wer gegen den Schachcomputer sicher gewinnen will, darf keinen einzigen schwachen Zug machen, sonst verliert er.
Trainingspartie:
MEPHISTO/Mondial 2 gegen
Carmen Huberger, Spielstufe Level 2
am 11. 2. 1988, Damenbauernspiel**

Mondial 2	Huberger
1. d2 – d4	d7 – d6
2. c2 – c4	Sb8 – d7
3. Sg1 – f3	h7 – h6
4. e2 – e3	e7 – e6
5. Lf1 – d3	Lf8 – e7
6. Sb1 – c3	a7 – a6?

Weiß entwickelt sich nach den üblichen klassischen Eröffnungsgrundsätzen. Schwarz aber verschenkt mit seinem Zug a7 – a6 bereits ein wichtiges Entwicklungstempo. Der Verteidigungszug a7 – a6 wegen des hemmenden Bc4 ist hier zur Verteidigung gegen einen potentiellen Damenflügel-Angriff vorläufig noch überflüssig. Stärker wäre es, sofort 6. Sg8 – f6 zu ziehen.
  Ergebnis: Erster schwacher Zug.

7. Lc1 – d2	Sg8 – f6*
8. 0 – 0	g7 – g5
9. Sc3 – e4	Sd7 – f8
10. Ld2 – b4	Sf8 – g6

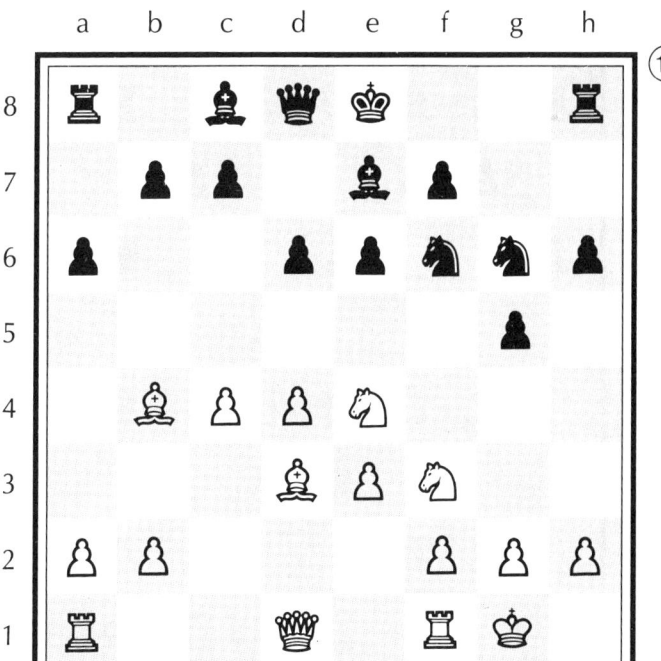

nach 10. ... Sf8 – g6   Weiß zieht

Infolge des verlorenen Entwicklungstempos sieht es nun eher so aus, als ob Weiß einen Angriff auf den schwarzen Königsflügel planen könnte.

11. Se4xSf6   Le7xSf6
12. Dd1 – c2   Th8 – g8

Schwarz muß sich bereits verteidigen.

13. Ta1 – d1   g5 – g4
14. Sf3 – d2   e6 – e5
15. Sd2 – e4   Lf6 – h8?

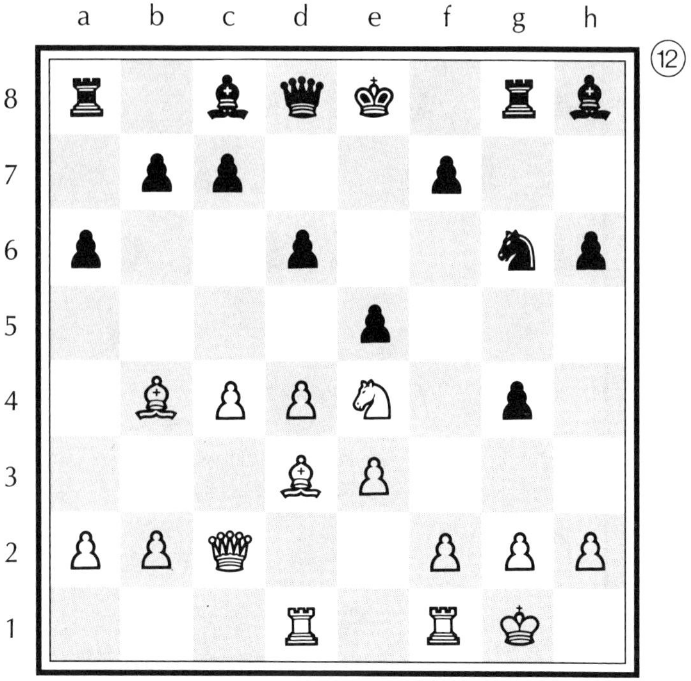

nach 15. ... Lf6–h8   Weiß zieht

Der Lh8 steht, wie sich später herausstellen wird, auf dem Feld h8 trotz der verdeckten Wirkung auf der langen Diagonale strategisch sehr ungünstig. 15. ... Lf6–e7 wäre stärker gewesen.

Ergebnis: Zweiter schwacher Zug.

16. d4–d5   h6–h5

Das Bauernzentrum ist nun zwar einigermaßen verfestigt und der Flügelangriff im Fortschreiten, doch ist jetzt schon deutlich, daß der Lh8 viel stärker auf dem Feld e7 stünde.

17. Lb4 – c3   h5 – h4

Mondial 2 entschließt sich bereits zu einem Abwartezug, während Schwarz seinen Königsflügelangriff fortsetzen kann.

18. Tf1 – e1   g4 – g3

Schon wieder ein Abwartezug von Mondial 2. Der Te1 steht auf dem Feld e1 schwächer als auf f1.

19. h2xg3   h4xg3?

Schon wirkt sich die Schwäche von 15. Lf6 – h8 deutlich aus – trotzdem wäre h4 – h3 stärker gewesen.
  Ergebnis: Dritter schwacher Zug.

21. Se4xg3   Lc8 – g4
22. f2 – f3   Lg4xf3??

Mit einer solchen taktischen Kombination sollten Sie niemals versuchen, einen Schachcomputer hereinzulegen.
  Der Computer rechnet derartige Opfervarianten mit Sicherheit präziser und tiefer aus, als das der normale Schachspieler fertigbringt.
  Ergebnis: Vierter schwacher Zug.
  Analysieren Sie die Kombination und ihre Widerlegung zunächst selbst aus. Sie erhalten dazu ein Stellungsbild.

22. g2xLf3   Sg6 – h4
23. Kg1 – f2   Dd8 – g5
24. Te1 – g1   Dg5 – f6
25. Sg3 – f5   0 – 0 – 0
26. b2 – b3   Tg8 – g6
27. Ld3 – e4   Td8 – g8
28. Tg1xTg6   f7xTg6?

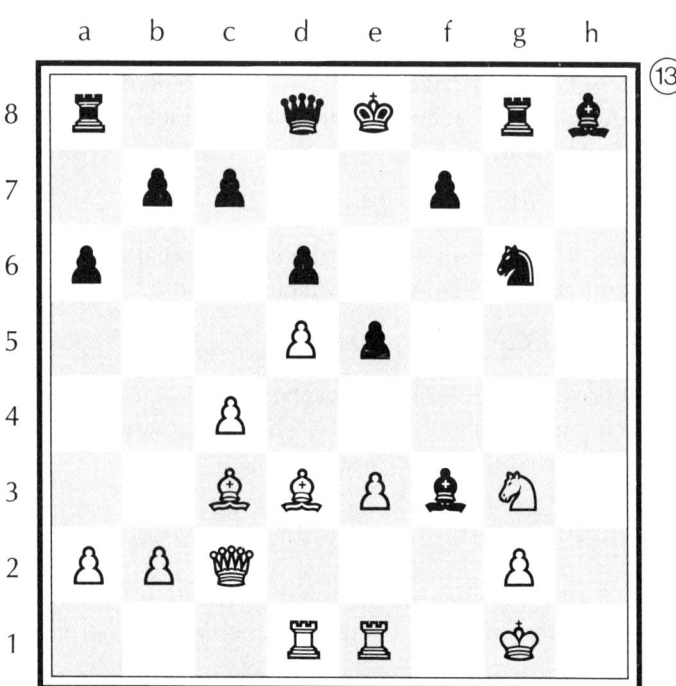

nach 22. ... Lg4xf3?? Weiß zieht

Noch ein schwacher Zug von Schwarz, der bereits die Partie endgültig entscheidet.

Im übrigen wird jetzt ganz deutlich, warum 15. ... Lf6 – h8 ein folgenschwerer strategischer Fehler war.

Ergebnis: Fünfter schwacher Zug.

29. Sf5xSh4   Df6xSh3+
30. Kf2 – e2   – – –

Und Schwarz hat für das Opfer einer ganzen Figur eine chancenlose Stellung erreicht. Er kann mit vollem Recht aufgeben.

Sie haben nun in dieser Partie den außerordentlichen Erziehungsdruck kennengelernt, den ein Schachcomputer auf den Schachspieler ausüben kann. Der Computer nützt auch den geringfügigsten schwachen Zug zu seinen Gunsten aus und ist sogar fähig, einen solchen Vorteil die ganze Partie hindurch aufrechtzuerhalten.

Es läßt sich daher ohne Übertreibung feststellen und in der Partie Mondial 2/*Huberger* sogar Zug für Zug verfolgen, daß bereits der Verlust eines einzigen Entwicklungstempos, den sich Schwarz durch den unnötigen Zug 6. ... a7 – a6 leistete, statt sofort ... Sg8 – f6 zu ziehen, dem Computer ausgereicht hat, mit 9. Sc3 – e4 ein überlegenes Mittelspiel einzuleiten, das Schwarz nicht mehr zur Übernahme der Initiative kommen ließ, ja mehr noch ihn Zug um Zug in eine Verluststellung hineintrieb.

An dem Verlauf der Partie können Sie klar erkennen, welchen erzieherischen Zwang der Computer als Trainingspartner eines begabten menschlichen Schachspielers erfolgreich ausüben kann.

Dieser Zwang bewirkt – gewissermaßen unmerklich und automatisch – eine erhebliche Verbesserung Ihrer Spielstärke. Er veranlaßt Sie, durch seine Siege auch im taktisch-positionellen Bereich immer sorgfältiger nachzudenken.

Welchen Erfolg die Anwendung der ›Zentrum-Flügel-Strategie‹ mit Schwarz tatsächlich gegen den Computer erringen kann, das wird Ihnen nun durch eine Partie mit Hilfe der ›Französischen Verteidigung‹ erneut voranalysiert.

Partie: MEPHISTO/DALLAS gegen H. C. Opfermann am 10. 7. 1987 ohne Eröffnungsbibliothek auf Turnier-Spielstufe, Level 6, ›Französische Verteidigung‹

MEPHISTO   *H.C. Opfermann*

1. e2 – e4   e7 – e6
2. d2 – d4   – – –

Diese als ›Französische Verteidigung‹ bereits seit mehr als 200 Jahren gespielte Eröffnung wird gewöhnlich mit 2. ... d7 – d5 fortgesetzt. Schwarz antwortet dagegen hier mit einem ganz unüblichen Zug, um sich die mögliche Verfestigung des Bauernzentrums zugunsten eines späteren Flügelangriffs vorzubehalten.

2. – – –   d7 – d6
3. Lf1 – e2   Sb8 – c6

Schwarz kann es sich leisten, seinen Sb8 über c6 und e7 nach g6 zu bringen, weil für Weiß weder der Tempoverlust 4. Le2 – b5, noch gar d4 – d5, was nach e6xd5 5. e4xd5 zur Übernahme der Initiative durch Schwarz führen und ihm erlauben würde, bis zu 0 – 0 seine Eröffnungs-Entwicklung bequem und freizügig fortzusetzen, sinnvoll wäre.

4. Sb1 – c3   a7 – a6
5. Sg1 – f3   h7 – h6

Der scheinbar notwendige Verteidigungszug 5. ... h7–h6 dient in Wahrheit bereits der Vorbereitung des bald nach der zu erwartenden Rochade von Weiß zu startenden Flügelangriffs und ist kein Tempoverlust, sondern sichert die Erlangung eines Mehrtempos.

6. 0–0   Sc6–e7
7. Lc1–e3   g7–g5

DALLAS bereitet, angesichts der seltsamen Massierung der leichten Figuren von Schwarz auf dem Königsflügel, sofort einen Angriff auf den schwarzen Damenflügel vor, dessen erfolgreiche Durchführung nach klassischen Eröffnungsbegriffen wegen seiner überlegenen Figurenentwicklung gesichert erscheint.

Dagegen bewertet DALLAS den schwarzen Bauernzug g7–g5 als taktisch-positionell ganz ungefährlich, weil er die diesem Zug zugrunde liegende langfristige strategische Planung weder zu errechnen noch auch nur zu erkennen in der Lage ist. – Irgendwelche unmittelbar bevorstehenden Materialverluste drohen jedenfalls nicht.

8. Dd1–d2   Se7–g6

DALLAS sorgt für die freie Beweglichkeit der weißen Türme, was er sich wegen der bereits im klassischen Sinne vollendeten Entwicklung des Le3 erlauben kann.

Wieder findet der Computer keinen Anlaß, den Zug Se7–g6 als taktisch gefahrdrohend zu bewerten.

9. Tf1–b1   Sg8–f6

Nun steht der Bauernsturm auf dem Damenflügel unmittelbar bevor.

Nach Sg8–f6 von Schwarz erkennt der Computer, daß durch ein nachfolgendes ... Sf6–g4 sein für den Damenflügelangriff benötigter Le3 abgetauscht werden könnte und auch, daß ein etwaiges h2–h3 kein geeigneter Verhinderungszug wäre, weil Schwarz sehr stark mit g5–g4 fortsetzen könnte. Er zieht deshalb zunächst 10. d4–d5, was, falls Schwarz die e-Linie öffnet, für Weiß nur vorteilhaft wäre.

Daß er damit die langfristige strategische Planung von Schwarz, die eine Verfestigung des Zentrums bei möglichst freier Wirkung seines Lc8 in Richtung des weißen Königsflügels entscheidend fördert, ist er nicht fähig zu erkennen, noch zu bewerten.

10. d4–d5   e6–e5!

nach 10. ... e6–e5   Weiß zieht

Die Ausrichtung der Wirkungskräfte der Figuren und Bauern der weißen Stellung sieht für den schwarzen Damenflügel in der Tat taktisch-positionell recht gefahrdrohend aus.

Auf den ersten Blick erscheint es ziemlich hoffnungslos, daß Schwarz den unmittelbar bevorstehenden weißen Bauernsturm aufhalten und die totale Zertrümmerung seines Damenflügels verhindern könnte.

Auf der Königsflügelseite ist dagegen, außer ... Sg6–f4, keinerlei aktuelle taktische Gefahr zu erkennen.

Der Computer hat, bevor er seinen nächsten Angriffszug gegen den schwarzen Damenflügel machen wird, mit Sicherheit die Folgen von 10. ... Sg6–f4 durchgerechnet und erkannt, daß es für ihn vorteilhafter ist, diesen gefährlichen, auf seinen wertvollen Angriffsläufer Le2 zielenden Sf4 gegen seinen bewegungsgehemmten Le3, der keine freien Felder bewirkt, abzutauschen.

Daß er damit die g-Linie für einen schwarzen Generalangriff auf die weiße Königsstellung öffnet, sich auf dem Feld f3 einen ›Pfahl im Fleisch‹ zuzieht und eine Opfermöglichkeit des schwarzen Lc8 vorbereitet, das kann DALLAS, weil das alles zu weit in der Zukunft liegt, weder ›sehen‹ noch bewerten.

Also beginnt er, da ein unmittelbarer taktischer Verteidigungsbedarf für seine Königsstellung nicht zu erkennen ist, mit seinem so sorgfältig vorbereiteten Bauernsturm am Damenflügel.

11. b2–b4   b7–b6

Mit seinem Verteidigungszug erwartet Schwarz mindestens, den Bauernangriff rechtzeitig stoppen zu können – es sei denn, Weiß opfert seinen Le3, was zwar die c-Linie halb öffnen, doch wegen des rückständigen

Bc2 nur umständlich zur weißen Haupt-Angriffslinie werden lassen würde, während weder die a- noch die b-Linie rasch genug geöffnet werden könnte.

12. a2 – a4   Sg6 – f4
13. a4 – a5   Sf4xLe2+

Die Fortsetzung des weißen Damenflügelangriffs ohne Rücksicht auf den Abtausch des bei weitem wertvollsten weißen Läufers, der noch dazu mit Schachgebot abgetauscht werden kann, macht doch den Eindruck, als ob sich der Computer hier einmal gründlich verrechnet hätte. Denn Schwarz denkt selbstverständlich nicht daran, nun etwa durch 14. ... Sf6 – g4 den weißen Lc3 erfolglos anzugreifen, sondern legt zunächst durch die Verfestigung der Bauernketten auf der a- und b-Linie die Wirkungskraft der weißen Türme auf dem Damenflügel lahm.

Versäumen Sie übrigens nicht, sich hier noch klar zu machen, daß und warum der schachgebende schwarze Se2 von der Dd2 und nicht vom Sc3 geschlagen werden muß. Andernfalls verliert Weiß seinen wichtigen Zentralbauern e4 mit Angriff auf die Dd2.

14. Dd2xSe2   b6 – b5
15. Tb1 – d1   g5 – g4

Der Computer gruppiert sofort seine nutzlos gewordenen Türme um.

Schwarz aber setzt seinen strategischen Angriffsplan nun auch taktisch mit aller Kraft fort.

16. Sf3 – e1   h6 – h5

Weiß durfte keinesfalls 16. Sf3 – h4 ziehen, was seinen Springer nur scheinbar zu einem unerschütterlichen Verteidigungsvorposten hätte werden lassen, weil

Schwarz mit ... Lf8 – e7 zu einer sehr gefährlichen Fortsetzung seines Flügelangriffs kommt. Der Computer kann diese Fortsetzung, da es sich um eine taktisch-positionelle Abwicklung handelt, präzise errechnen und bewerten.

(16. Sf3 – h4, Lf8 – e7 17. g2 – g3, Sf6 – h7 18. Sh4 – g2, Le7 – g5. Nun hat Weiß keine sinnvolle Fortsetzung mehr, weil der Sh7 über g5 nach f3 oder h3, drohend Sh3 – f4, kommt. So könnte Schwarz seinen Angriff bei Auflösung der Königsbauern entscheidend verstärken.)

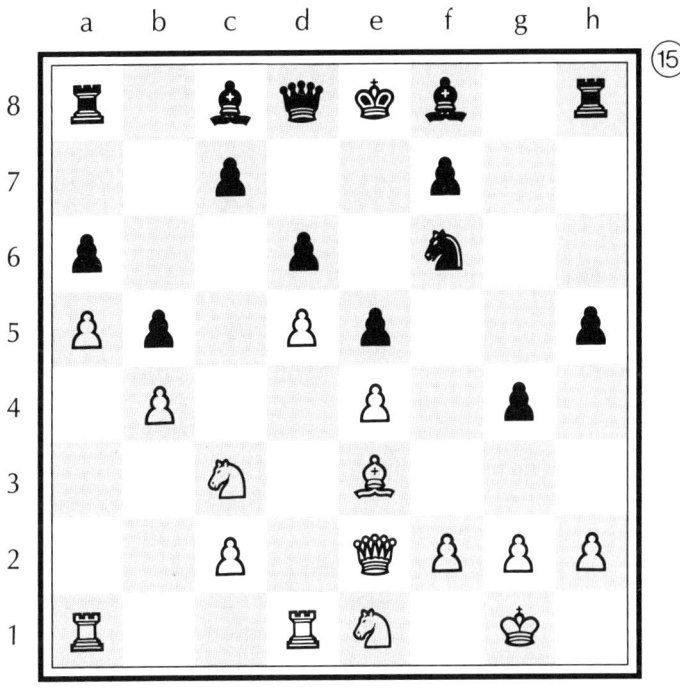

nach 16. ... h6 – h5   Weiß zieht

Wenn Sie die Haupt-Wirkungsstrukturen für die schwarzen und die weißen Steine analysieren, dann erkennen Sie leicht, daß die Angriffskräfte der weißen Figuren und Bauern auf den schwarzen Damenflügel tatsächlich vollständig gebrochen sind.

Der schwarze Königsflügelangriff hat wegen des unerschütterlich verzahnten Bauernzentrums noch alle Aussichten.

DALLAS fühlt sich deshalb gewissermaßen ›automatisch‹ veranlaßt, seine Verteidigungskräfte zu verstärken.

17. De2 – d2   h5 – h4
18. Se1 – d3   Sf6 – h5
19. Le3 – g5   Lf8 – e7
20. Lg5xLe7   Dd8xLe7

Der Abtausch verstärkt die taktisch-positionelle Lage von Schwarz, was der Computer eigentlich erkennen können sollte.

21. Dd2 – e3   f7 – f5

Der weiße Damenzug diente dem Vorstoß f2 – f3, womit sich der Computer eine freie f-Linie für seine Türme schaffen will.

Das kann Schwarz gerade noch rechtzeitig durch einen weiteren Angriffszug vereiteln.

Der Vorstoß f7 – f5 zwingt Weiß, da er f5 – f4 keinesfalls zulassen darf und weil 22. e4xf5 nur die schwarze Stellung taktisch-positionell erheblich verstärken würde, zu 22. f2 – f4, was Schwarz allerdings Gelegenheit gibt, die g-Linie für sich zu öffnen.

22. f2 – f4   g4xf4 e.p.
23. De3xf3   f5 – f4

Sie erkennen nun, wie entscheidend die Verteidigungsmöglichkeiten des weißen Königsflügels vor allem durch die vorgeschobenen schwarzen Bauern f4 und h4 eingeschränkt sind.

Schwarz kann nun in aller Ruhe einen durchschlagenden Schlußangriff vorbereiten, während Weiß sich in seiner stark beengten Stellung nur noch rein verteidigend beschäftigen kann, da er das verzahnte Bauernzentrum nur noch durch ein vergebliches Figurenopfer aufbrechen könnte.

24. Td1 – d2	De7 – g5
25. Ta1 – e1	Lc8 – g4
26. Df3 – f2	Ke8 – e7
27. Kg1 – f1	Th8 – g8
28. Kf1 – g1	Sh5 – f6
29. Kg1 – h1	Lg4 – d7
30. Df2 – f3	Tg8 – g7
31. Te1 – f1	Ta8 – g8
32. h2 – h3	Sf6 – h5

Es ist sehr beeindruckend, festzustellen, daß Weiß nichts anderes tun kann, als tatenlos zuzusehen, wie Schwarz seine Vorbereitungen zum Schlußangriff Zug um Zug abschließt.

33. Tf1 – e1	Sh5 – g3+
34. Kh1 – h2	Ld7 – e8
35. Df3 – f2	Le8 – h5

Und nun offenbart der Computer seine entscheidende Schwäche. Er läßt sich verlocken um des Gewinns von zwei Bauern willen, seine wichtigste Verteidigungsfigur vom Ort der Schluß-Auseinandersetzung abzuziehen und so verteidigungsunwirksam ins Abseits zu stellen, daß sein König in spätestens 10 Zügen zwangsläufig mattgesetzt wird.

36. Df2 – a7   Ke7 – d7
37. Da7xa6   Sg3 – e2
38. Da6xb5+   Kd7 – e7

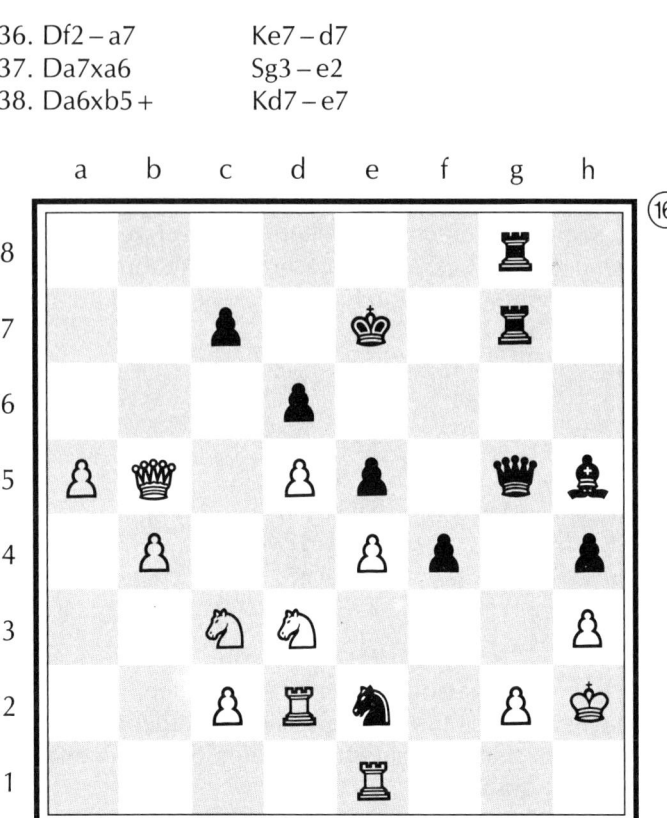

nach 38. ... Kd7 – e7   Weiß zieht

37. ... Sg3 – e2 ist einer der Züge von Schwarz, der zum durchschlagenden Erfolg führt.

Da er mit keiner direkten Bedrohung oder einem Schlagfall verbunden ist, hat ihn, wie es scheint, der Computer auch nicht tief genug untersucht.

Der Druck, den der Computer auf die Df2 ausübte, zwei Bauern zu gewinnen und dadurch die Materialbilanz erheblich zugunsten von Weiß zu verbessern, war weit stärker als der positionelle Nachteil, den er wahrscheinlich zwar auch sah, aber weit unterbewertete.

Ebenso der eventuelle Verlust der Qualität (Lh4x Te2), denn daß ein Zug wie Sc3xSe2? zum sofortigen Matt (Dh5xg2✝) führen würde, das entdeckte der Computer selbstverständlich mit Sicherheit.

Nun ergab die selektive Fortsetzungssuche des Variantenbaumes durch DALLAS eindeutig, daß nach 39. Te1xLe2, Dg5xg2+ die beiden schwarzen Türme das Matt des Kh2 erzwingen konnten.

Deshalb griff der Computer nach dem Zwischenspiel

38. Da6xb5+	Kd7 – e7
39. Td2xSe2	Lh5xTe2

zu dem Verzweiflungszug g2 – g4, was Schwarz den potentiellen Vernichtungszug h4xg4 e.p.+ erlaubte.

40. g2 – g4   h4xg4+ e.p.

Der Computer aber hatte offenbar die Antwort 40. ... f4xg4+ e.p. für die wahrscheinlichere gehalten, wodurch Weiß zwar mit Qualitätsverlust, aber dem Gewinn eines potentiellen Freibauern vorläufig davongekommen wäre, weil die Fortsetzung 41. Kh2 – g2, Dg5 – e3 42. Te1xLe2, De3 – f2+ 43. Sc3xDf2, g3xSf2+ 44. Kg2xf2, Tg7 – g2+ 45. Kf2 – e1, nur dazu führt, daß Schwarz nicht mehr mattsetzen kann und verliert.

41. Kh2 – h1   f4 – f3

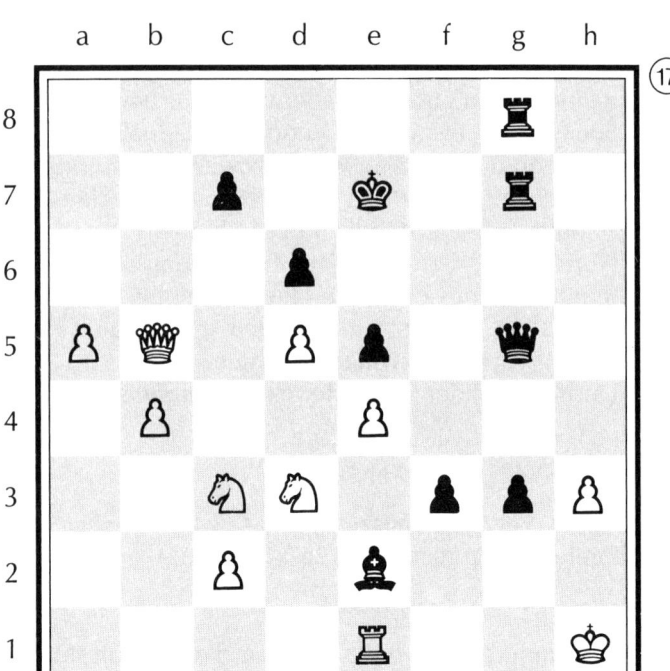

nach 41. ... f4 – f3   Weiß zieht

42. Sc3xLe2   – – –

Nun kann DALLAS durch ›selektive Berechnung‹ zweifellos bereits eindeutig erkennen und bewerten, daß Weiß endgültig verloren ist, wenn Schwarz den Se2 nicht zurückschlägt, sondern sich auf die Wirkungskraft seiner beiden verbundenen Bauern verläßt.

42. – – –   f3 – f2!
43. Kh1 – g2   – – –

Weiß bleibt nichts anderes übrig, als seinen Te1 als Opfer anzubieten, weil er andernfalls im 4. Zuge mattgesetzt wird. (g3–g2+ 44. Kh1–h2, f2–f1/S+ 45. Td1xSf1, g2xTf1/S+ 46. Kh2–h1, Dg5–g2‡)

43. – – – f2xTe1/S+

Der kritische Leser und Schachspieler hat Einwände

Der Sieg der schwarzen Steine in der vorigen Partie kann doch nur sehr bedingt zum Nachweis des schachlichen Wertes dieser sogenannten ›Zentrum-Flügel-Strategie‹ von Schwarz verwendet werden.

Ein menschlicher Schachmeister, ja sogar schon ein fortgeschrittener Spieler, der über eine Spielstärke von über 1800 Elo verfügt, hätte in der Stellung, nach 35. … Le8–h5, in der vom Computer die entscheidenden beiden Fehlzüge mit der weißen Df2 zum Bauerngewinn nach a7 und b6 befohlen wurden, diese mit Sicherheit unterlassen und statt dessen die Verteidigung seiner Königsstellung verstärkt.

Das aber macht es doch wahrscheinlich, daß Schwarz trotz seiner starken ›Zentrum-Flügel-Angriffsstellung‹ die weiße Königsstellung weder siegreich hätte zertrümmern oder gar den weißen König hätte mattsetzen können.

Oder vielleicht doch nicht?

Auf diesen Vorhalt antwortet der Autor ohne Umschweife: Es wäre ja schon ein recht befriedigender Erfolg der ›Zentrum-Flügel-Strategie‹, wenn sie mit Schwarz regelmäßig die internationalen Schachcomputer zu besiegen imstande wäre. Doch kann in dem vorliegenden speziellen Fall der Partie ›Französische Verteidigung‹ der zusätzliche Nachweis erbracht werden, daß auch ein menschlicher Schachmeister bei fehlerfreiem Spiel den weißen König nicht mehr vor dem Matt hätte retten können.

In der von Ihnen gekennzeichneten Stellung nach dem 35. Zug von Schwarz hat Weiß grundsätzlich vier Möglichkeiten, seine Partie fortzusetzen, wenn er den Zug Df2 – a7 unterläßt.

1. Er kann einen neutralen Zug, wie etwa 34. Kh2 – g1, machen.

2. Er kann vor allem durch 34. Te1 – g1 die Verteidigung des Bg2 verstärken.

3. Er kann aber auch 34. Df2 – g1 ziehen und dadurch die Verteidigung des Bg2 so umgruppieren, daß für einen späteren eventuellen Schlagfall etwa Tg7xg2 nicht die weiße Dame zurückschlagen muß, sondern zuerst ein Turm schlagen kann.

Erster Versuch

Beginnen Sie mit 36. Kh2–g1, weil die Konsequenzen dieses Zuges am raschesten durchschaubar gemacht werden können.

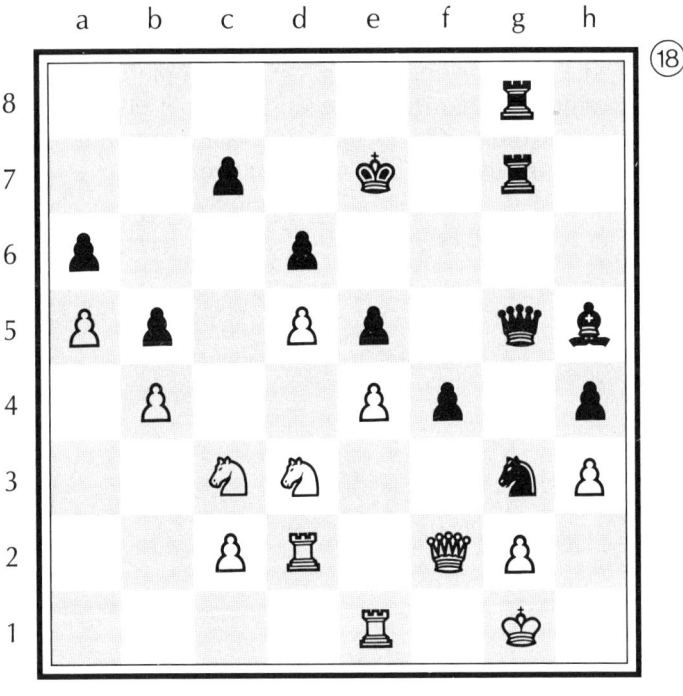

nach 36. Kh2–g1   Schwarz zieht

Es ist leicht zu erkennen, daß Schwarz seinen Angriff sofort durch 36. ... f4–f3 fortsetzen kann, da die Df2 den Bf3 nicht schlagen darf. Weiß ist zudem mit seinem Kg1 in die tödliche potentielle Drucklinie der schweren schwarzen Figuren hineingezogen, weshalb sich auch g2xf3 für Weiß verbietet.

36. Kh2–g1   f4–f3

Weiß hat, wie Sie gleichfalls sofort erkennen, keine andere sinnvolle Fortsetzung als:

37. Kg1–h2   f3xg2
38. Te1–g1   Sg3–f1/S+
39. Tg1xSf1   Sg2xTf1/S+

Mit Matt in spätestens drei Zügen. (Falls 40. Kh2–h1, so Dg5–g1+.)

40. Df2xSf1   Dg5–g3+
41. Kh2–h1   Lh5–f3+

Und Weiß verliert seine Dame und wird außerdem in weiteren zwei Zügen mattgesetzt.

Ein neutraler oder ein Königszug wäre also keine Lösung.

Zweiter Versuch

Statt eines neutralen Zuges bietet es sich eigentlich schon auf den ersten Blick an, die Verteidigung des Bg2 durch einen Turmzug zu verstärken. Also:

35. Te1 – g1   – – –

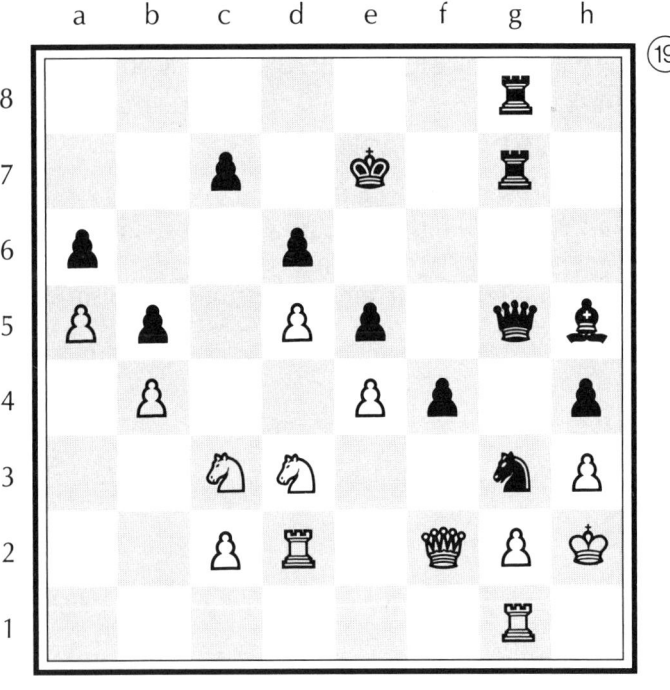

nach 35. Te1 – g1   Schwarz zieht

Auch hier erkennen Sie, daß Schwarz seinen Angriff ohne große Bedenken mit dem Vorrücken des Bf4 fortsetzen kann.

36. Te1 – g1 f4 – f3

(Falls 37. g2xf3?, so Lh5xf3 und 38. Df2xLf3 ist wegen Dg5xTd2+ nicht gut möglich.)

37. Df2 – e1 Sg3 – f1+
38. Tg1xSf1 f3xg2

(Falls 38. Kh2 – h1, so f3xg2+ 39. Tg1xg2, Lh5 – f3 vernichtend. – Gleich vernichtend würde 38. De1xSf1 mit ... Dg5xTd2 beantwortet.)

39. Tf1 – g1 Lh5 – f3

Nun droht Schwarz, durch ... Dg5 – g3+ und h4xDg3+ mattzusetzen.

40. Sc3 – e2 Tg8 – f8
41. Sd3 – c1 Lf3xe4
42. Td2 – d1 Tf8 – f1
43. De1 – c3 Ke7 – d8
44. Sc1 – b3 – – –

Weiß kann nur noch Abwartezüge machen.

44. – – – Tf1 – f3

45. Df3xTf3 und gibt gleichzeitig auf.

Auch der Verteidigungszug 36. Te1 – g1 ist keine Lösung.

Dritter Versuch

Für Weiß bleibt nun nur noch der Verteidigungszug Df2 – g1.

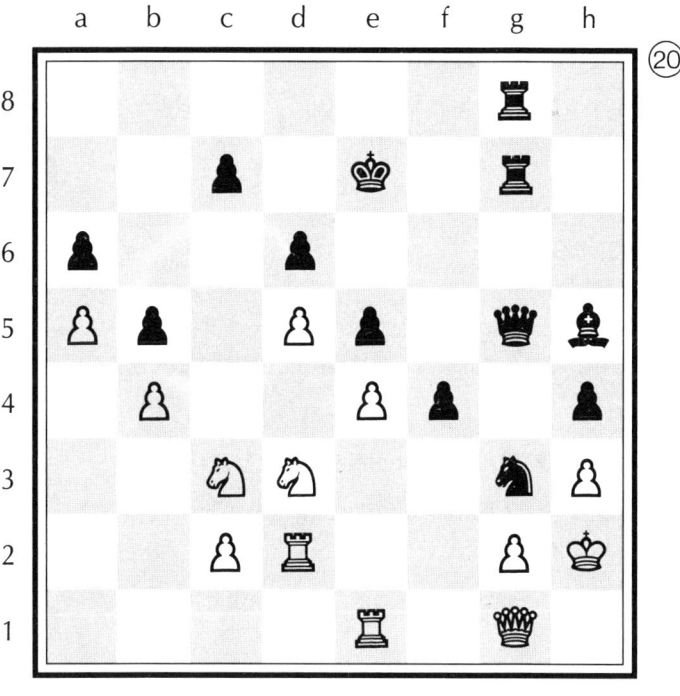

nach 36. Df2 – g1   Schwarz zieht

Merkwürdigerweise scheint dieser weiße Damenzug der stärkste von allen möglichen Verteidigungszügen zu sein.

Sie erkennen, daß Weiß sich diesen Zug nur deshalb sofort leisten kann, weil Schwarz weder bereits f4–f3 noch den Sg3 gezogen hat. Denn f4–f3 würde den Td2 durch die Dg5 bedrohen, und der erfolgte Wegzug des Sg3 würde das gefährliche Schachgebot Dg5–g3+ ermöglichen.

Zieht Schwarz aber erst nach Df2–g1, f3–f2, um den schwarzen Bg2 anzugreifen, dann kann Weiß durch 37. Td2–f2 seine Verteidigungsstellung ohne weiteres konsolidieren. – Schwarz hat dann trotz seines Figurendrucks auf der g-Linie keine sinnvolle zum Endsieg führende Fortsetzung mehr. – Versuchen Sie selbst, es herauszuanalysieren.

Andererseits erkennen Sie aber auch, daß – wenn die schwarze Dg5 dem Kh2 sofort Schach geben könnte – Kh2–h1 erzwungen würde, woraufhin Schwarz seinen Angriff mit f4–f3 ebenso wie in den früheren Versuchen bis zum Endsieg fortsetzen könnte.

Merkwürdigerweise kann Schwarz eine solche Fortsetzung weder mit 36. ... Sg3–f1+ noch mit ... Sg3xe4 einleiten, weil auf ... Sg3xe4 37. Sc3xSe4 folgen und damit der Dg5 das Schach auf g3 verwehrt sein würde, noch führt ... Sg3–f1+ zum Ziel.

Sehen Sie selbst:

36. – – –	Sg3–f1+
37. Te1xSf1	Dg5–g3+
38. Kh2–h1	f4–f3
39. Sd3–e1	– – –

Der Se1 deckt sowohl den Bg2 und greift zugleich den schwarzen Bf3 an, so daß Schwarz mit ... f3xg2+ nicht mehr erfolgreich fortsetzen kann.

| 39. – – – | f3xg2 |
| 40. Td2xg2 | – – – |

Und nun scheitert ... Lf5–f3 an Tf1xLf3, weil der Tg2 ausreichend gedeckt ist und auch der Tf3 nicht von der Dg3 geschlagen werden darf.

Da also das Angreif-Opfer Sg3–f1+ von Weiß ausreichend widerlegt werden kann, bleibt Schwarz – wenn er verhindern will, daß Weiß seine Verteidigungsstellung endgültig durch Td2–f2 saniert – nur noch übrig, nach einem Zug für den Sg3 zu suchen, der Weiß zu einer anderen Antwort als Td2–f2 zwingt.

Dieser Springerzug darf weder Sg3–f1+ noch Sg3xe4 sein.

Wenn Sie sorgfältig und lange genug nach diesem Zug suchen, dann entdecken Sie schließlich, daß der Sg3 noch eine dritte Opfermöglichkeit hat, und zwar

| 36. – – – | Sg3–f5! |

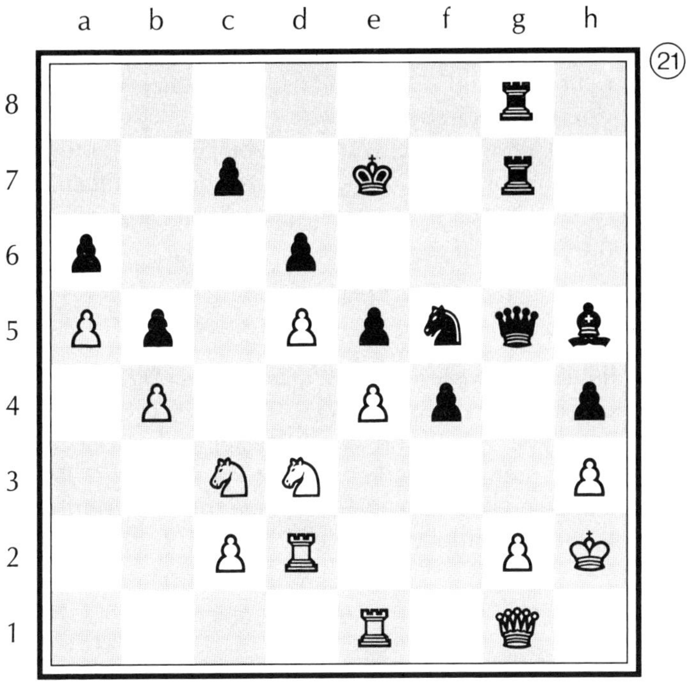

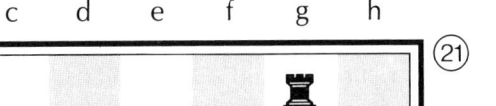

nach 36. ... Sg3–f5!   Weiß zieht

Die Frage, die sich für Weiß in dieser Stellung vor allem anderen stellt, lautet: Was kann Schwarz erreichen, wenn dieses Opferangebot angenommen wird?

Erst wenn das beantwortet ist, folgt die Frage, was Schwarz tun kann, wenn das Opferangebot nicht angenommen wird.

37. e4xSe5   Dg5 – g3 +
38. Kh2 – h1   f4 – f3

Und nun kann vor allen Dingen einmal der Sd3 nicht nach e1 ziehen, von wo aus er den Bg2 decken kann. Ein anderes Feld, von dem aus das möglich wäre, darf er ebenfalls nicht betreten.

Damit aber setzt Schwarz sein Spiel wie früher uneingeschränkt bis zum Endsieg fort, weil der Angriff auf die Dg3 durch Sc3–e4 genau um einen Zug zu spät kommt.

39. Sc3–e4	f3xg2+
40. Td2xg2	– – –

Falls 40. Dg1xg2, so Dg3xDg2 41. Td2xDg2, Lh5–f3 42. Te1–g1, Tg7xTg2 43. Tg1xTg2, Tg8xTg2 44. f5–f6+, Ke7–e8, und Weiß hat keine sinnvolle Fortsetzung mehr: Er verliert, da er weder die 2. Reihe noch die g-Linie mit seinem Springer betreten darf, den Se4, wohin immer er ihn zieht.

40. – – –	Dg3xh3+
41. Dg1–h2	Dh3xDh2+

(Falls Tg2xDh2, so vernichtend Lh5–f3+.)

42. Kh1xDh2	Tg7xTg2+
43. Kh2–h3	Tg2xc2
44. Se4–f2	Lh5–f7

Und Weiß kann den Bd5 nicht mehr retten, womit die strategische Übermacht von Schwarz so groß geworden ist, daß die weiße Partie aussichtslos geworden ist.

Aus alledem folgt aber, daß Weiß das schwarze Opferangebot 36. ... Sg3–f5 nicht annehmen darf.

Was aber kann Weiß statt dessen tun?

Zurück zu Stellung ㉑.

I. Variante

36. g2 – g4?	h4xg4 e.p.+
37. Kh2 – h1	Lh5 – f3+ (falls Kg2 so Sh4+)
38. Td2 – g2	Dg5 – h4
39. Sc3 – f2	g3xSf2
40. Dg1xf2	Dh4xh3
41. Kh1 – g1	Tg7xTg2+

II. Variante

36. Td2 – f2	Dg5 – g3+
37. Kh2 – h1	Sf5 – e3
38. Sc3 – e2	Dg3xh3+
39. Dg1 – h2	Dh3xDh2+
40. Kh1xDh2	Tg7xg2+

(Falls 40. Sxg2, so Lf3 41. TxL, DxT 42. Tf2, Dxh3+ und Schwarz gewinnt eine Figur.)

41. Tf2xTg2	Tg8xTg2+
42. Kh2 – h3	Tg2xSe2
43. Kh3xh4	Te2xTe1
44. Sc3xTe1	Lh5 – g6

Schwarz hat einen Läufer und einen Bauern mehr bei bester Stellung und gewinnt unabwendbar einen weiteren Bauern.

III. Variante

36. Te1–f1	Dg5–g3+
37. Kh2–h1	Sf5–e3
38. Tf1–f2	f4–f3
39. Sd3–e1	f3xg2+
40. Tf2xg2	Lh5–f3
41. Se1xLf3	Dg3xSf3
42. Td2–f2	Df3xh3+
43. Dg1–h2	Dh3xDh2+
44. Kh1xDh2	Tg7xTg2+
45. Tf2xTg2	Tg8xTg2+
46. Kh2–h3	Tg2xc2
47. Sc3–b1	Tc2–c1
48. Sb1–d2	Tc1–h1 ≠

Deshalb gewinnt Schwarz auch noch den Sb1.

»Quod erat demonstrandum.« Die schwarze ›Zentrum-Flügel-Strategie‹ hat DALLAS besiegt.

Fazit II: Die schwarze ›Zentrum-Flügel-Strategie‹ ist nicht nur gegen erstklassige Schachcomputer erfolgreich anwendbar

Da Schachcomputer auf traditionelle, in jahrhundertelangen Turnier- und Wettkämpfen bewährte Eröffnungen und Spielweisen ebenso programmiert sind, wie auf die Ausnützung taktisch-positioneller Stellungsvorteile und Kombinationen im Mittel- und Endspiel, kann vorausgesetzt werden, daß sie sich insbesondere in den Eröffnungen genauso verhalten wie der menschliche Meisterspieler.

Diese Annahme ist auch in der Spielpraxis – Mensch gegen Schachcomputer – vollauf bestätigt worden.

Wenn Sie einen erstklassigen Schachcomputer einem sogenannten ›Initiativ-Test‹ unterwerfen, so wie er von Schachcomputer-Fachleuten entwickelt worden ist, dann erleben Sie, daß er seine weißen wie auch schwarzen Steine nach den gleichen ›klassischen‹ Entwicklungsgrundsätzen entwickelt und führt, wie das alle großen Schachpädagogen des 19. und 20. Jahrhunderts getan und gelehrt haben.

Damit Sie das, sobald Sie einen erstklassigen Schachcomputer zur Verfügung haben, auch selbst nachprüfen und daraus lernen können, wird Ihnen die praktische Durchführung eines solchen ›Initiativ-Tests‹ als Modellpartie anschließend erläutert.

Modell eines ›Initiativtests‹ für beliebige erstklassige Schachcomputer-Programme in Schachcomputern aller Art

Dieser Test, der von den verdienstvollen Computer-Fachleuten *Frieder Schwenkel* und *Hans-Peter Ketterling* entwickelt wurde, beruht grundsätzlich darauf, dem Programm sogenannte ›Nullzüge‹ anzubieten, so daß es in einer Partie nicht einfach traditionell-konventionelle Antwortzüge machen kann – wie sie ihm etwa die Eröffnungsbibliothek liefert –, sondern zum eigenverantwortlichen Initiativspiel gezwungen wird.

Dabei offenbart der Computer dann die singulären Entwicklungs- und Spielgrundsätze, auf die er programmiert ist. Wenn der Tester die weißen und das Programm die schwarzen Steine führt, entwickelt sich das Spiel stets grundsätzlich gleichartig, wie folgt:

Tester *Programm*

1. Sb1 – a3   e7 – e5
2. Sa3 – b1   – – –

Die Nullzüge haben ihren Namen daher, weil nach dem 2. Zuge die ursprüngliche Grundstellung des gezogenen weißen Steines wieder erreicht wird. Das wirkt dann so, als ob Weiß noch gar keinen, also ›Null‹-Züge gemacht hätte.

2.	– – –	Sg8–f6
3.	Sb1–a3	Lf8xa3
4.	Ta1–b1	La3–b4
5.	Tb1–a1	Sb8–c6
6.	Ta1–b1	d7–d5
7.	Tb1–a1	Lc8–d7
8.	Ta1–b1	e5–e4
9.	Tb1–a1	d5–d4
10.	Ta1–b1	e4–e3
11.	Tb1–a1	Sc6–e5
12.	Ta1–b1	c7–c5
13.	Tb1–a1	Sf6–e4
14.	Ta1–b1	e3xf2 ‡

›Initiativ-Test‹: ㉒

Stellung nach
14. e3xf2 ‡

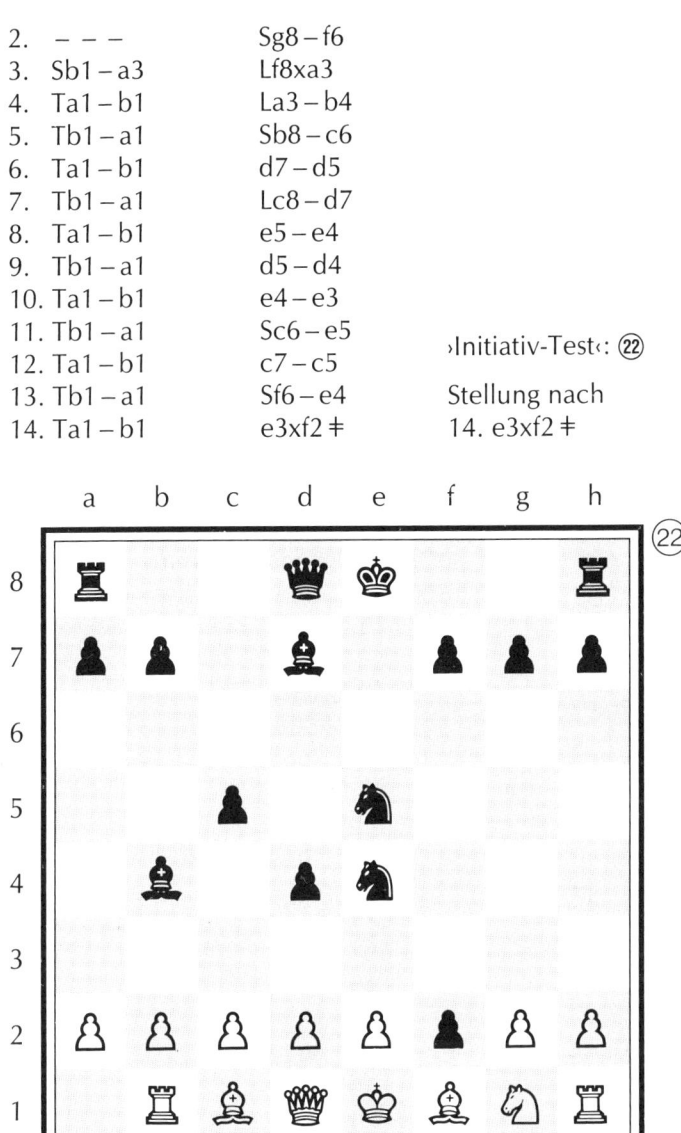

Sie erkennen aus der Stellung, daß das Computerprogramm, auch wenn es durch keinerlei Gegenzüge gestört oder zu angemessenen Antworten veranlaßt wird, keineswegs sofort im Husarenritt auf die gegnerische Stellung losstürmt, wie das zu den Zeiten des *Gioacchino Greco* und der Italienischen Renaissance allgemein üblich war, sondern zunächst für eine sinnvolle Figurenentwicklung sorgt, bevor es zum Bauernsturm auf die gegnerische Stellung ansetzt. Das alles entspricht, cum grano salis, den ›klassischen Eröffnungsgrundsätzen‹.

Auch im umgekehrten Fall, daß der Computer mit den weißen Steinen beginnt und ihn Schwarz in einen ›Initiativ-Test‹ hineinzwingt, kann die grundsätzlich gleichartige Entwicklungsweise bei allen Spitzenprogrammen beobachtet werden.

Als Beispiel sei die folgende Eröffnung wiedergegeben, die ebenso wie das vorige Testspiel aus ›Das große Computerschachbuch‹ (s. Bibliographie) zitiert wird.

Sargon III *Tester*

1. b2 – b3   Sb8 – a6
2. Lc1 – b2   Sa6 – b8
3. g2 – g3   Sb8 – a6
4. Lf1 – g2   Sa6 – b8
5. Sg1 – f3   Sb8 – a6
6. 0 – 0   Sa6 – b8
7. c2 – c4   Sb8 – a6
8. Sb1 – c3   Sa6 – b8
9. d2 – d4   Sb8 – a6
10. e2 – e4   Sa6 – b8
11. Tf1 – e1   Sb8 – a6
12. Ta1 – c1   Sa6 – b8

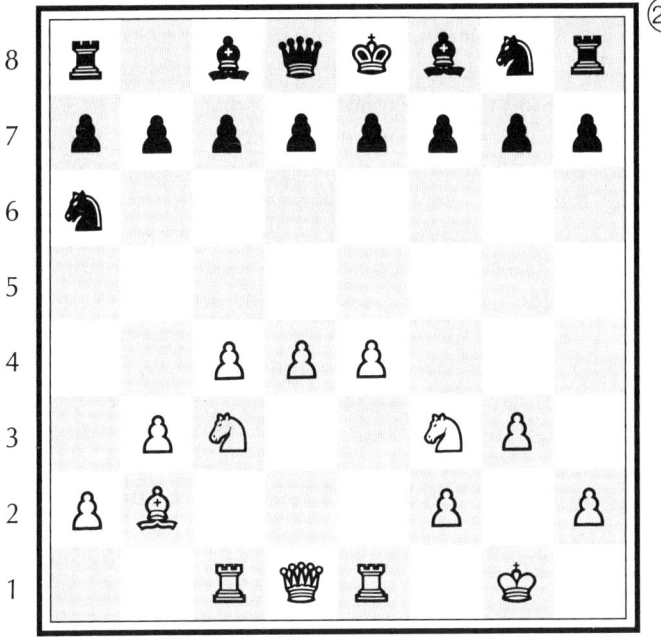

›Initiativ-Test‹ II:

Stellung nach 12. Ta1 – c1, Sb8 – a6

Das genügt, um zu verdeutlichen, nach welchen Entwicklungsprinzipien Schachprogramme auch dann handeln, wenn sie als Führer der weißen Steine mit einem Halbzug mehr das Spiel beginnen dürfen.

Sie entwickeln keineswegs, wie das in alten Zeiten allgemein üblich war, auch bei Schachmeistern, und wie das selbst heute noch nicht ganz ausgestorben ist, kombinative Opferangriffe, etwa auf den Bf7 etc., sondern ordnen nach der durch die fianchettierten Lb2 und Lg2 gedeckten Besetzung der Zentrumsfelder zuerst einmal in dem hinter diesen Bauern liegenden freien Raum die Türme so wirksam, daß sie in die voraussehbare baldige Zentrums-Auseinandersetzung mit ganzer Kraft eingreifen können.

Das Computer-Programm befolgt damit peinlich genau -- sofern ihm dazu Gelegenheit gegeben wird – die traditionellen Ratschläge, die selbst heutzutage noch von den verdienstvollen Schachlehrern unseres Nachwuchses, wie etwa Schachmeister *Theo Schuster* in Stuttgart, gegeben werden, der auf Seite 7 seines 1970 erstmals und immer wieder neu aufgelegten Lehrbuchs ›Schacheröffnungen‹ seinen Schülern rät:

»1. Wenn es uns der Gegner erlaubt, besetzen wir mit zwei Zentrumsbauern (den Mittelbauern e und d) die Zentrumsfelder.

2. In der Regel bringen wir die Springer vor den Läufern heraus.

3. In der Eröffnung ist man bestrebt, möglichst rasch die kurze Rochade anzusteuern, damit der König bald eventuellen Gefahren in der Mitte entzogen wird.

6. Die schweren Figuren, wie Dame und Türme, stehen zunächst am besten auf der Grundlinie. Sie werden erst dann ins Spiel gebracht, wenn die leichten Figuren entwickelt und die Rochade ausgeführt ist. ... in der Regel vermeiden wir Eckbauernzüge in der Eröffnung, wie a2 – a3/a7 – a6, h2 – h3/h7 – h6 (das schickt sich bloß für Meister!).«

Daß es sich bei der *Schusterschen* Schach-Pädagogik nicht um einen Einzelfall von regionaler Bedeutung, sondern um Allgemein-Überzeugungen im Spielstil unseres Jahrhunderts handelt, belegt zusätzlich ein 1981 erschienenes, ebenso interessantes wie lehrreiches Lehrbuch des Schach-Pädagogen *Dr. László Orbán:* ›Schach-Eröffnungsspiele‹, in dem es auf Seite 13 heißt:

»Der Hauptzweck des Eröffnungsspiels ist die zügige und schnelle Entwicklung der Figuren. Das heißt: Die Springer, die Läufer und die Dame müssen die Grundreihe verlassen und eine günstige Angriffs- oder Verteidigungsstellung einnehmen, danach mit einer alsbaldigen Rochade den König in Sicherheit bringen und die Türme beweglich machen. ... Weiß versucht in den meisten Spielanfängen das ideale Bauernzentrum d4/e4 zu errichten. ... Da aber Weiß nur nach fehlerhaftem Gegenspiel die begehrte Bauernmitte d4/e4 aufbauen kann ...«

Sie verstehen nun sicher, warum der Schachcomputer, wenn er die weißen Steine führt, grundsätzlich eine Figurenentwicklung anstrebt, für die Stellung㉓ ein anschauliches Beispiel abgibt.

Diese Regelmäßigkeit des Entwicklungsverfahrens, die bei allen Spitzenprogrammen* ungefähr gleichartig erwartet werden kann, hat den Autor zu dem Versuch veranlaßt, dem Computer die Möglichkeit einzuräumen, freiwillig und absichtlich das als ideal geltende Bauernzentrum e4/d4 gegen Schwarz unter der Bedingung aufzubauen, daß er sich die flexible Bewegungsfreiheit seiner beiden Mittelbauern so lange bewahrt, bis er sie zur Bildung seiner starren Zentrumsbauern-Verzahnung ausnützen kann, die nur noch durch hohe materielle Opfer aufgebrochen werden könnte.

---

* Im Informationsbuch ›Das große Computerschach-Buch‹ heißt es auf Seite 198: »... die Eröffnung, die dadurch gekennzeichnet ist, daß beide Spieler versuchen, möglichst schnell ihre Kräfte zu mobilisieren, d. h. die Figuren von den Grundreihen (1. Reihe für Weiß, 8. Reihe für Schwarz) aus auf Felder zu bringen, auf denen sie einen größeren Wirkungsbereich haben. Des weiteren wird versucht, durch frühzeitiges Ausführen der Rochade den König auf einen Platz in der Nähe eines Eckfeldes zu schaffen...«

Sie können aus Ihren bisherigen Erfahrungen mit dem Verlauf der praktischen Partien gegen DALLAS und Mondial 2 leicht selbst beurteilen, daß Schwarz dadurch die so gut gelungene Entwicklung aller weißen Figuren praktisch lahmlegen konnte.

Dazu kam, daß Schwarz die Zentrumsverfestigung durch seine eigene Figurenentwicklung begleiten lassen konnte, die nach der ebenfalls stets erstrebten kurzen Rochade des weißen Königs nach g1 zu einem Bauernsturm auf die weiße Königsstellung ausgenützt werden konnte.

So wurde Weiß in seiner beengten Stellung, um seine Verteidigung zu arrangieren, zu Tempoverlusten gezwungen, die Schwarz eben deshalb den Endsieg ermöglichten. Schwarz errang und behielt regelmäßig die Initiative.

Der Hauptzweck dieses Lehrbuchs besteht darin, Sie zu trainieren, die Anwendung und Durchsetzung der ›Zentrum-Flügel-Strategie‹ nicht nur gegen beliebige Schachcomputer regelmäßig zu erreichen, sondern sich ebensogut in den Turnieren und Wettkämpfen gegen menschliche Schachpartner siegreich durchzusetzen.

Das ist durchaus möglich, wenn Sie das schachstrategische Konzept der Flügelangriffe bei gesicherter Mitte so lange gegen internationale Spitzencomputer trainieren, bis Sie es absolut sicher beherrschen. Siehe auch die entsprechenden Hinweise im Vorwort.

Dann erst sollten Sie es auch gegen lebende Gegner anzuwenden versuchen. Sie sollten dabei aber auch darauf vorbereitet sein, daß der lebende Gegner häufig versucht ist, von den strengen Grundsätzen der klassisch-traditionellen Eröffnungsentwicklung und Mittelspielführung im Gegensatz zu allen Schachcomputern abzuweichen.

In solchen Fällen werden Sie das, was Sie in den vielen Kämpfen mit dem Schachcomputer gelernt haben, als solides Rüstzeug zur analytischen Entdeckung kreativer Zugentscheidungen ausnützen können. So werden Sie auch unerwartete Gegenzüge erfolgreich bewältigen. Das ist vor allem immer dann vonnöten, wenn der Gegner (und auch der Computer) die Bildung eines festgelegten Zentrums mit allen Mitteln zu verhindern versucht. Das kommt vor.

Dann werden Sie auch die große Befriedigung des Schachspielers erleben, der seinen strategischen Blick, ohne die Vernachlässigung seines taktisch-positionellen Urteilsvermögens, so lange und eindringlich geschult hat, daß er nach der Eröffnungs-Entwicklung klar erkennen kann, wenn er die schwarzen Steine führt, daß und ob – wie einer der bedeutendsten amerikanischen Schachpädagogen, *Fred Reinfeld*, das ausdrückt – »die weißen Figuren keine Zukunft haben, obwohl sie befriedigend entwickelt zu sein scheinen. Während sie herumstehen wie bei einer Parade, schlüpfen die schwarzen Figuren von allen Seiten in die weiße Stellung hinein.«

Trainings-Teststellung:
Die Annahme eines Bauernopfers ermöglicht Schwarz den strategischen Sieg

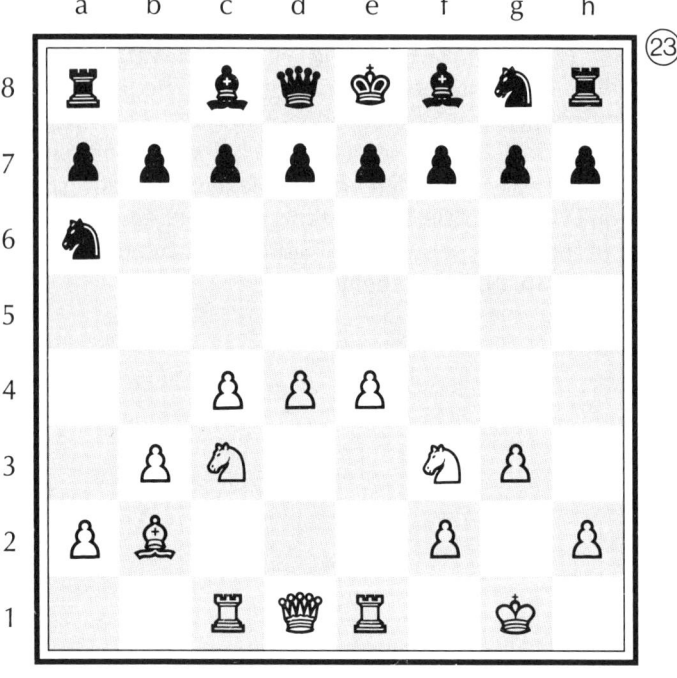

* ›Schach für Amateure‹, Fred Reinfeld, Stuttgart 1982

In einer von dem großen amerikanischen Schachpädagogen *Fred Reinfeld* analysierten Partie* entstand die folgende Stellung, die durch eine übereilte, nur taktisch-positionell begründete Fortsetzung von Weiß ein so leicht zu durchschauendes Beispiel für die gewaltige Überlegenheit des langfristig-strategischen Blicks gegenüber einem kurzfristig-taktischen Materialgewinn bietet, daß sie hier für Sie zur Schulung Ihres Beurteilungsvermögens von Stellungen auf verborgene strategische Planungsmöglichkeiten mitgeteilt und gezielt voranalysiert werden soll.

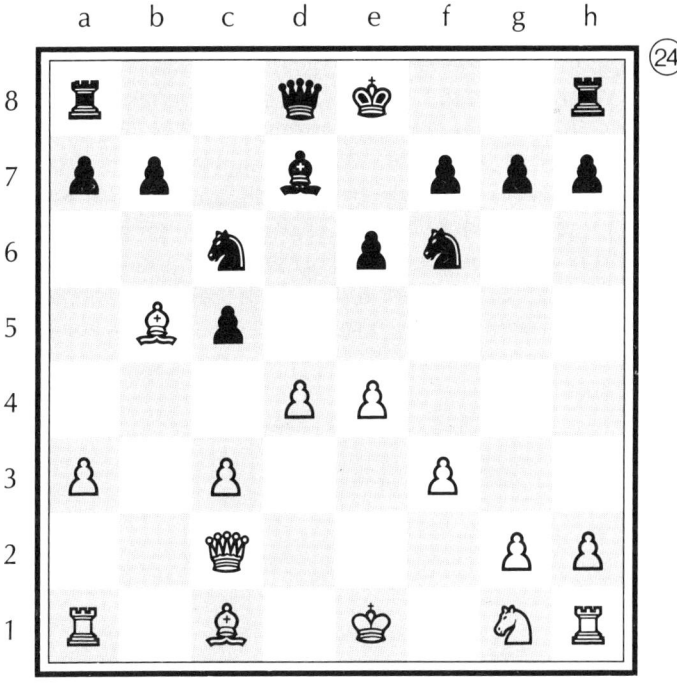

nach 10. ... Lc8 – d7   Weiß zieht

Diese Analyse ist auch für die Verbesserung Ihrer Spielstärke im Umgang mit Schachcomputern um so wertvoller, als diese Stellung eine taktisch-positionelle Verlockung enthält, auf die ein Schachcomputer – ganz ähnlich wie in der Stellung ⑯ die weiße Dame – jedenfalls auf der Anfänger- und Blitz-Stufe (Level 0 und 1) – mit größter Wahrscheinlichkeit hereinfiele.

Vergleichen Sie die Bauernstruktur der Stellung ㉓ mit derjenigen der Stellung ㉔, die im Initiativ-Test von Sargon III aufgebaut wurde, auf ihre Ähnlichkeiten, dann kommen Sie sofort zu dem Schluß, daß beide Stellungen durch die sinnentsprechende Anwendung gleichartiger ›klassischer‹ Eröffnungsprinzipien entstanden zu sein scheinen.

Weiß besitzt viel Raum hinter seiner Bauernkette, wo er seine Figuren zur Formierung eines Angriffs, sowohl gegen den schwarzen Königsflügel – nach der zu erwartenden Rochade 0–0 – als auch in der Mitte, nach einer ebenfalls zu erwartenden Linienöffnung durch Weiß, bequem wird aufstellen können. Schwarz steht dagegen in der Mitte doch deutlich beengter; seine Figuren scheinen statt zum Angriff eher zur Verteidigung bereit zu stehen.

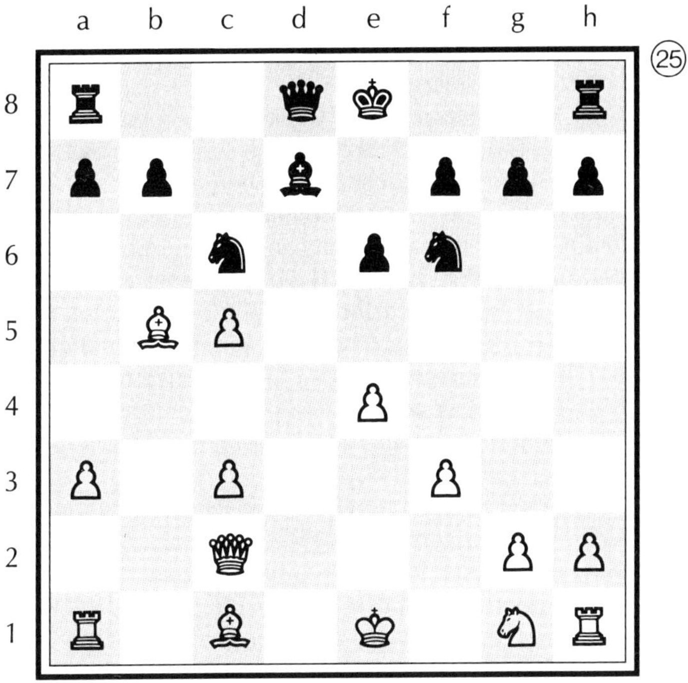

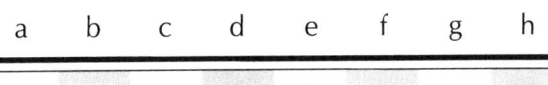

nach 11. d4xc5   Schwarz am Zuge

Der Computer würde in Stellung ㉔, wenn er Weiß hätte, seine Suche natürlich auf den ungedeckten Bc5 richten, den er taktisch folgenlos schlagen und damit einen Materialgewinn einheimsen darf, zugleich mit diesem Materialvorteil würde für Weiß ja auch die d-Linie geöffnet, die er – soviel positionelle Bewertungsfähigkeit ist ihm durchaus einprogrammiert – etwa durch Ta1 – d1 nach vorhergegangenem Lc1 – g5 in Besitz zu nehmen erwarten darf.

Während Schwarz auf diese Drohungen hin erst einmal seine Dd8 nach c7 oder e7 wegziehen müßte und außerdem seine Aufmerksamkeit darauf zu richten hätte, einmal den Bauernverlust irgendwann einmal wieder auszugleichen.

Alle diese analytischen Überlegungen scheinen – auf den ersten Blick wenigstens – die Fortsetzung d4xc5 als für Weiß günstig zu bewerten.

Jedenfalls ist eine unmittelbare taktisch-positionelle Gefahr für Weiß, falls er das angebotene Bauernopfer annimmt, in der Stellung ㉔ ebensowenig zu entdekken wie in manchen früheren analysierten Partien-Stellungen, in denen der Computer einen Materialvorteil für eine zukünftige strategische Verschlechterung – deren Schwere er wegen seines eingeschränkten Horizonts nicht ausreichend zu beurteilen vermag – ohne Bedenken anstrebte.

Der lebende Schachmeister ist dagegen gewohnt, in solchen Stellungen vorsorglich etwas zu tun, wozu auch der stärkste Schachcomputer bzw. sein Programm noch nicht fähig ist. Da Bauernzüge niemals rückgängig gemacht werden können, betrachtet der Schachmeister oft eine jeweils erreichte Bauern-Konfiguration auf das Endspiel hin, indem er im Geiste alle auf dem Brett vorhandenen Figuren vom Brett entfernt – mit Ausnahme der Könige selbstverständlich – und prüft, ob dann Weiß oder Schwarz besser steht.

Wendet er diese Methode auf die Stellung von *Fred Reinfeld* nach dem 11. Zuge von Weiß (11. d4xc5) an, dann bekommt er ein Bauernskelett für das Endspiel, das die folgende Struktur besitzt:

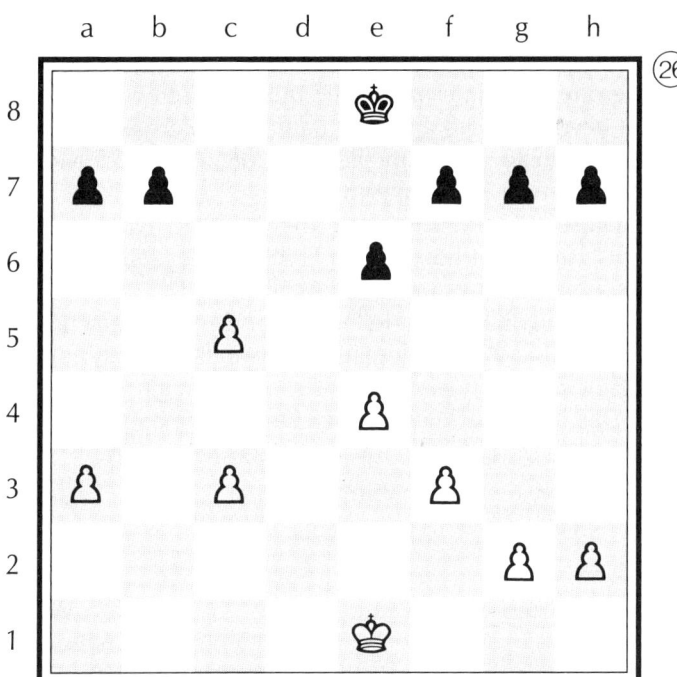

Bauernstruktur der Stellung ㉕   Schwarz zieht

Es ist für jeden einigermaßen erfahrenen Schachspieler klar ersichtlich, daß Schwarz, wenn er in dieser Stellung am Zuge ist, den Bc5 ungehindert erobern kann und damit auch die Partie gewonnen hat, wie Sie das in jedem Lehrbuch der Endspiele nachanalysieren können.

Diese Erkenntnis aber sollte für Weiß eine erste schwerwiegende Warnung davor sein, das Bauernopfer anzunehmen.

Die zweite, nicht minder schwerwiegende Warnung sollte die offensichtlich rückständige Entwicklung der beiden weißen Leichtfiguren sein, die Weiß mindestens zwei Tempozüge kosten wird, bis er hoffen darf, die offene d-Linie nachhaltig mit einer schweren Figur zu bewirken. Das gilt auch dann, wenn er beschlossen haben sollte, sich um die Verteidigung seines Mehrbauern nicht zu kümmern.

Diese beiden Mehrtempi aber kann Schwarz seinerseits zur Verstärkung seiner Stellung oder seiner strategischen Planung ausnutzen.

Die möglichen Vorteile solcher Tempoüberschüsse aber müßte Weiß jedenfalls ganz sorgfältig analysieren, bevor er es sich leistet, den Bc5 zu schlagen.

Das aber hat Weiß in der Stellung ㉔ offensichtlich nicht getan, denn die Folgen zeigen sich sofort.

11. d4xc5   Dd8 – a5
12. Lb5xSc6   Ld7xLc6
13. Lc1 – e3   Ta8 – d8

Das ist der erste Tempoverlust. Zudem war Weiß durch Da5 gezwungen, was angesichts der inzwischen deutlich verbesserten Stellung von Schwarz (Lc6, Da5) und der freien Beweglichkeit des Ta8 für die weiße Stellung ausgesprochen gefährlich ist, seinen wichtigen weißfeldrigen Lb5 abzutauschen.

Denn Schwarz konnte nun nicht nur die d-Linie als erster mit seinem Ta8 beherrschen, auch der Zug von Weiß Lc1 – e3 wird jetzt zum Tempoverlust, weil der Sf6 durch den Lc1 nicht mehr gefesselt werden könnte (mit der Drohung, den schwarzen Königsflügel aufzureißen).

14. Sg1 – e2   – – –

Der zweite weiße Tempoverlust.

14. – – –   Sf6 – d7
15. 0 – 0   Sd7xc5

Und Schwarz hat seinen geopferten Bauern mit großem Stellungsvorteil zurückgewonnen.

16. Se2–d4   – – –

Bis hierher und noch einen Zug weiter hätte der Schachspieler mindestens rechnen müssen, wenn er die strategische Überlegenheit der schwarzen Stellung nach der Annahme des Bauernopfers c5 hätte herausanalysieren wollen. Denn er mußte, um die starke Stellung des Sd4 zu erreichen – damit er den wichtigen schwarzen Lc6 abtauschen kann, um so das Stellungsgleichgewicht am Damenflügel wiederherzustellen –, schon vor der Annahme des Bauernopfers c5 ins Auge fassen, auch seinen Lb5 gegen den Sc6 abzutauschen, um später noch einmal mit seinem Sd4 und dem schwarzen Lb7 das gleiche zu versuchen. (Es war ohnehin vorauszusehen, daß Sd4 seine Vorpostenstellung weder auf die Dauer behalten noch vorteilhaft würde ausnützen können.) Hätte er jedoch ein wenig sorgfältiger analysiert, dann hätte er entdecken müssen, daß Schwarz nach 16. Se2–d4 einen strategisch sehr starken Fortsetzungszug zur Verfügung hat, der diese unklaren weißen taktisch-positionellen Träume völlig zunichte macht.

Wie handelt hier das Leonardo-Programm?

Wird die Stellung ㉔ dem Spitzen-Computer Leonardo von Saitek Ltd vorgelegt, dann zieht er auf Stufe B3 (Großmeister-Turnier-Spielstufe) für Weiß wie Schwarz:

1. Lb5xSc6   Ld7xLc6

Er nimmt das Bauernopfer nicht sofort an, bereitet es aber, weil er berechnet hat, daß er die Dd8 auf ein stärkeres Feld bringt, durch Figurenabtausch vor. Daß er sich dadurch strategisch auf den weißen Feldern entscheidend schwächt, erkennt er nicht.* Da er aber mindestens den ›klassischen‹ Grundsatz der ›kleinen Qualität‹ (zwei Läufer sind meist stärker als Läufer und Springer) kennt, hätte ihn das auch von dem Abtausch abhalten sollen.

2. d4xc5 Dd8 – e7
3. Lc1 – e3 0 – 0 – 0

Auf Spielstufe B3 erkennt Leonardo, daß er sich die große Rochade hier leisten kann, wegen der besseren Position seines Königs für das Endspiel.

4. Sg1 – e2 Sf6 – d7
5. 0 – 0 – 0 Sd7xc5

Weiß sollte sich 0 – 0 – 0 lieber nicht leisten. Er hält aber – und das ist eine natürliche Schwäche (aller Schach-Computer) seine Position für stärker als die von Schwarz, wegen seiner besseren Bewertungsbilanz!

6. g2 – g3 e6 – e5
7. Td1xTd8 Th8xTd8

Abtauschdrang ist eine weitere natürliche Schwäche von Schachprogrammen, der sich oft erfolgreich ausnutzen läßt. Hier wirkt er sich ›automatisch‹ für Schwarz aus.

8. Le3xSc5 De7xLc5
9. Kc1 – b2 Dc5 – e3
10. Th1 – d1 Td8xTd1
11. Dc2xTd1 De3xf3
12. Dd1 – d2 Lc6xe4

---

* Genauso handelt auch Mephisto/DALLAS, setzt dann aber mit 2. Sg1 – e2 fort, nimmt c5 also nicht!

Weiß ist verloren. Der Rest ist nur noch ›eine Sache der Technik‹.

13. Se2 – c1	Df3 – g2
14. Sc1 – b3	Dg2xDd2+
15. Sb3xDd2	Le4 – d3
16. Sd2 – b3	b7 – b6
17. Sb3 – c1	Ld3 – c4

Und der weiße Springer hat keinerlei Entfaltungsmöglichkeiten mehr.

Zurück zum 16. Zuge von Schwarz in der Partie:

16. – – –	Lc6 – a4

Dieser Zug kostet sogar Weiß noch ein weiteres Tempo.

17. De2 – b2	b7 – b6
18. Db2 – b4	Da5 – a6
19. Le3 – g5	– – –

Dieser Zug von Weiß, der so angriffslustig aussieht und f7 – f6 als Antwort provozieren soll (was den Be6 schwächer machen würde), ist halbwegs ein weiterer Tempoverlust für Weiß, weil Schwarz ohnedies Td8 – d7 wird ziehen wollen, um auch den Th8 bald beweglicher zu machen.

19. – – –	Td8 – d7

Sinngemäß gleichartige Gedanken hat auch Weiß, nur sind seine Aussichten, die Wirkungskräfte seiner Türme gezielt einzusetzen, infolge des unglückseligen Gewinns des Bc5 ungleich geringer als für Schwarz.

20. Ta1 – a2	0 – 0
21. Ta2 – d2	h7 – h6
22. Lg5 – e3	Sc5 – d3

Weiß kann das Eindringen des schwarzen Springers in die weiße Stellung nicht dauernd verhindern, weil – und das sollten Sie sich immer wieder von neuem bewußt machen – Weiß seinen weißfeldrigen Läufer abgetauscht hat!

23. Db4 – b1   Sd3 – e5
24. Td2 – f2   Tf8 – c8
25. Db1 – a1   – – –

Jetzt erst wirkt sich der entscheidende strategische Fehler von Weiß, der allerdings durch den nicht minder schwerwiegenden Fehlzug 11. d4xc5 erzwungen war, so richtig aus.

Durch Abtausch des Lb5 wurden alle weißen Felder in der weißen Stellung entscheidend geschwächt.

Daraufhin war es für Schwarz, der den damit so überraschend gewonnenen strategischen Vorteil sofort begriff, nicht schwer, seine ganze Kraft auf die Ausnützung dieser weißen Schwäche zu konzentrieren.

Sie sehen, wie hilflos Weiß inzwischen diesem Ziel ausgesetzt worden ist.

25. – – –   Da6 – d3
26. Le3 – f4   Se5 – c4

Droht Figurenverlust für Weiß.

27. Lf4 – c1   Sc4 – e3
28. Lc1xSe3   – – –

Dieser überraschende Zug von Weiß macht auf den ersten Blick den Eindruck eines Irrtums, da Weiß doch anscheinend ohne ernsten Nachteil mit Tf1 – e1 hätte antworten können. Aber analysieren Sie lieber ein wenig tiefer.

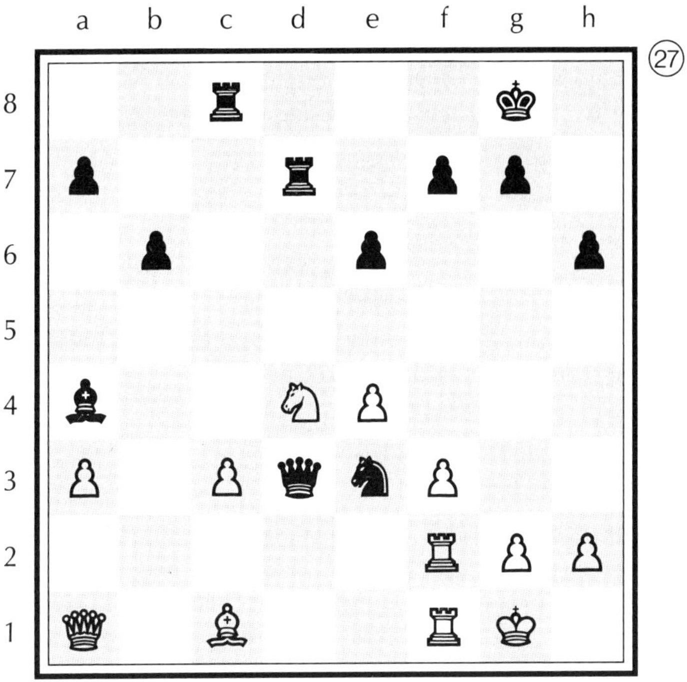

nach 27. ... Sc4–e3   Weiß zieht

(28.) Tf1–e1   Se3–d1
(29.) Tf2–d2   Dd3xc3
(30.) Da1xDc3   Tc8xDc3

Der Damentausch ist erzwungen. Warum?

(31.) Sd4–e2   Td7xTd2

Daß TxS keine Lösung wäre, sehen Sie selbst: ... (LxT, TxL, e6–e5).

(32.) Lc1xTd2   Tc3xa3

Und Schwarz hat zwei übermächtige Freibauern, die sich gegenseitig decken und die trotz der verschiedenfarbigen Läufer wegen der unglückseligen Massierung der weißen Figuren den Endsieg verbürgen.

28. – – –   Dd3xLe3
29. Tf1 – c1   – – –

Das entscheidet sofort.

29. – – –   Td7xSd4

Hätte Weiß dagegen Sd4 – e2 gezogen, dann hätte es noch etwas länger dauern können.

(29.) Sd4 – e2   La4 – b5
(30.) Tf1 – e1   Td7 – d2
(31.) Kg1 – f1   Tc8 – c3

Mit der Folge Tc3 – c2, und Weiß kann aufgeben.

Nun haben Sie es selbst erlebt, daß und wie Weiß seinen vorübergehenden Bauerngewinn als schweren strategischen Fehler büßen müßte. Die Schwächung der weißen Felder durch den erzwungenen Abtausch des weißfeldrigen Läufers erlaubte es Schwarz, seine Figuren über diese Felder fast ungehindert von vielen Seiten in die weiße Stellung eindringen zu lassen, sich dort zu massieren und schließlich die eingeschnürten weißen Figuren so hilflos zu machen, daß Weiß aufgeben mußte.

Was hier, unterstützt durch die taktisch-positionelle Fehlentscheidung von Weiß, als singulärer Glücksfall dem Schwarzen in den Schoß fiel, wird durch die ›Zentrum-Flügel-Strategie‹ bewußt angestrebt.

Partie: MEPHISTO/DALLAS gegen H. C. Opfermann am 30. 8. 1987 ohne Eröffnungsbibliothek auf Turnier-Spielstufe, Level 6, Pirc-Verteidigung

DALLAS	H. C. Opfermann
1. e2 – e4	d7 – d6
2. Sb1 – c3	a7 – a6
3. Sg1 – f3	e7 – e6

Nach der Flankensicherung bereitet Schwarz, wie gewohnt, die Möglichkeit der Zentrumsverfestigung vor.

4. d2 – d4	Sb8 – d7
5. Lf1 – e2	Lf8 – e7
6. 0 – 0	h7 – h6

Erste Vorbereitung für den Flügel-Angriff.

7. Lc1 – f4?	Sd7 – f8

Auch DALLAS leistet sich manchmal unbegründbare Routinezüge und verliert dabei ein entscheidendes Tempo.

8. Lf4 – e3	g7 – g5
9. d4 – d5?	e6 – e5
10. Dd1 – d3	Sf8 – g6

Der Angriffsaufmarsch der Wirkungskräfte gegen den Damenflügel sieht in der Tat imponierend aus, obwohl ihm die rechte Angriffsmarke fehlt.

Das verlorene Tempo von Weiß wirkt sich hier bereits aus, denn der weiße Läufer könnte andernfalls bereits auf c4 stehen.

11. Tf1 – d1   Sg8 – f6
12. Td1 – d2   Sf6 – h5

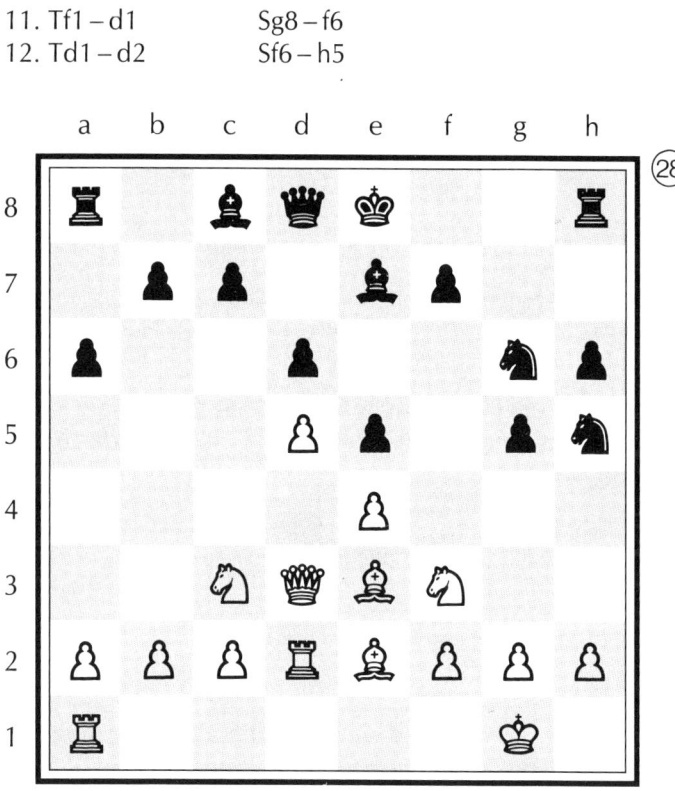

nach 12. ... Sf6 – h5   Weiß zieht

DALLAS ›sieht‹ ohne Zweifel, daß und warum er hier nicht versuchen darf, durch Sf3xe5 einen Bauern zu gewinnen. (Weil durch Sf3xe5, Sg6xSe5 die weiße Dame bedroht wird.) Auch das ist eine Folge des Tempoverlusts in der Eröffnung.

13. Ta1 – d1   Lc8 – d7

Schwarz setzt seine Vorbereitungen für den Königsflügelangriff ohne jede Verzögerung fort. (Absicht: Dd8 – c8.)

14. Sf3 – e1   Sh5 – f4
15. Dd3 – c4   Dd8 – c8

Die Fortsetzung des Angriffs

Die Vervollständigung des *strategischen* Angriffsplans ist wichtiger als die Verteidigung des Damenflügelbauern.

16. Se1 – f3	Sf4xLe2 +
17. Sc3xSe2	Sg6 – f4
18. Le3xSf4?	g5xLf4
19. Se2 – c3	h6 – h5
20. b2 – b3	– – –

Angriffszug gegen Abwartezug.

| 20. – – – | Th8 – g8 |
| 21. Kg1 – h1? | – – – |

(21.) Sf3 – e1 wäre jedenfalls stärker gewesen.

| 21. – – – | Tg8xg2! |

Es ist unbegreiflich, daß und warum DALLAS dieses Turmopfer nicht früher herausgerechnet hat.

22. Kh1xTg2	Ld7xh3 +
23. Kg2 – h1	Dc8 – g4
24. Sf3 – e1	– – –

Zu spät. Alles zu spät.

| 24. – – – | f4 – f3 |

Nach bewährtem Muster in früheren Partien. Natürlich mußte Schwarz vor diesem Zuge sicher sein, daß Weiß keine entscheidenden Drohungen auf dem Damenflügel hatte.

25. Dc4 – a4 +   Ke8 – f8
26. Td2 – d3   Lh3 – g2 +
27. Kh1 – g1   Le7 – g5
28. Da4 – a3   – – –

Wieder zu spät. Weiß kommt eher zum Endsieg – was so ein Mehrtempo doch alles bewirken kann!

28. – – –   Lg5 – f4

Jetzt hat auch DALLAS herausgerechnet, daß Weiß endgültig verloren ist. Er entscheidet sich für einen letzten Verzweiflungszug.

29. Da3xd6 +   c7xDc6
30. Sc3 – a4   – – –

Das ist der eigentliche Aufgabezug von DALLAS.

30. – – –   Lf4xh2 +
31. Kg1xLh2   Dg4 – h3 +
32. Kh2 – g1   Dh3 – h1 ∓

Ohne den Tempoverlust durch 8. Lf4 – e3 hätte sich Weiß gegen den Angriff auf seinen Königsflügel länger und stärker verteidigen können.

Computer-Schachprogramme

Grundsätzlich unterscheidet man zwischen sogenannten *Brute-Force-Programmen* und *selektiven Schachprogrammen*. Während die erstgenannten die ›Gewalt-Methode‹ (daher der Name) anwenden und dabei versuchen, mit höchstmöglicher Geschwindigkeit alle legalen Züge so tief wie möglich durchzurechnen, versuchen letztere, das menschliche Hirn zu simulieren. Ein Schachmeister konzentriert sich von vorneherein auf nur wenige in Betracht kommende Züge und berechnet und bewertet diese so genau als möglich.

Typisches Brute-Force-Programm

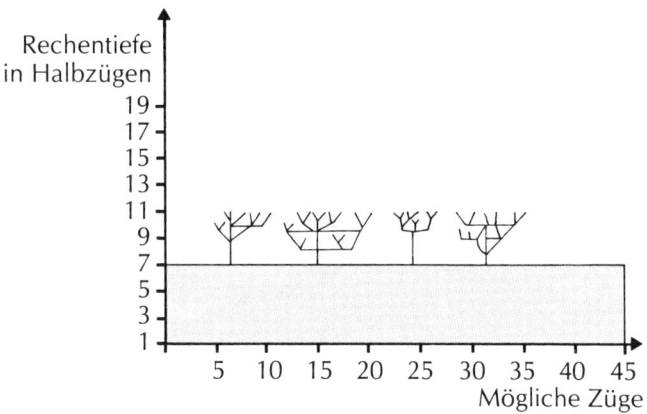

- 7 Halbzüge, volle Breite
- Weiterverfolgung von Schlagzügen und Schachs
- Wenig Bewertung an der Wurzel

Ein starkes Brute-Force-Programm rechnet mit 6−7 Halbzügen Tiefe die volle Breite durch. Schlagzüge und Schachs werden einige Halbzüge weiterverfolgt (›quiescent search‹). Bewertungen werden vergleichsweise wenige durchgeführt, und zwar gewöhnlich an der Wurzel, d. h. im 1. Halbzug.

Selektives Programm Mephisto III
(Autor T. Nitsche)

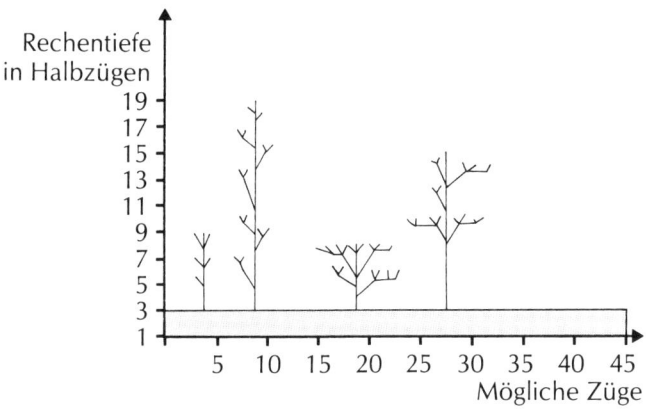

- 3 Halbzüge, volle Breite
- Selektion mit schmalen, tiefen Bäumen
- Aufwendige Bewertung in den Endknoten

Das Mephisto III-Programm verwirklichte 1983 als erstes in konsequenter Weise das selektive Konzept. Die volle Breite wird nur 3 Halbzüge durchgerechnet, daran schließen sich selektive Berechnungen an, für die sehr schmale und tiefe Bäume charakteristisch sind. Typisch sind die sehr aufwendigen Bewertungen, welche in den Endknoten stattfinden (›static search‹).
(Hegener + Glaser ed.)

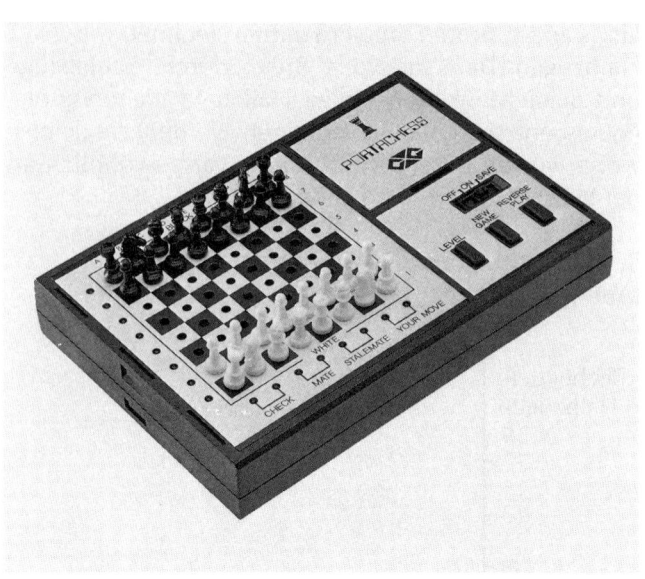

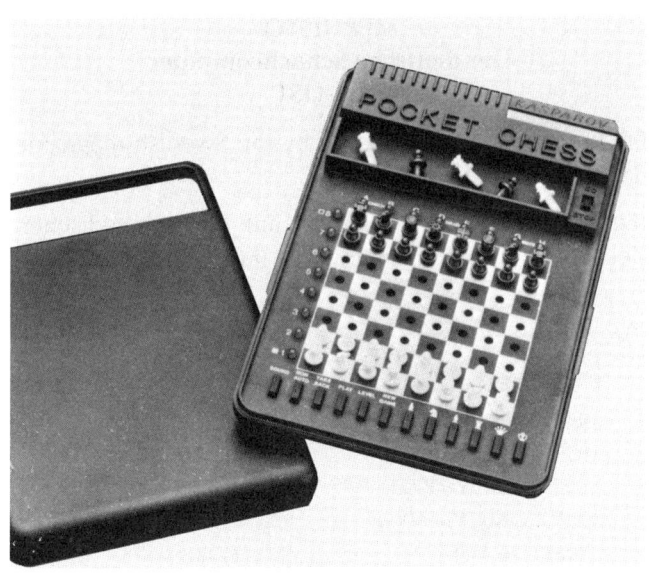

MEPHISTO
Der deutsche Schachcomputer
ELO-LIST

ELO-rating list based on lists by the Swedish magazine ›Ply‹ and E. Hallworth.

(ELO-Wertungsliste basierend auf der schwedischen Zeitschrift ›Ply‹ und E. Hallworth) (Hegener + Glaser ed.)

ITEM (Pos. Computer		ELO-RATING ELO-Wertung	INGO-RATING Ingo-Wertung)
1.	MEPH. ROMA 68020	2267	72
2.	MEPH. DALLAS 68020	2227	77
3.	MEPH. ROMA 68000	2203	80
4.	MEPH. DALLAS 68000	2163	85
5.	EXPERT 16 MHZ	2133	88
6.	MEPHISTO AMSTERDAM	2116	91
7.	MEPHISTO MM IV 5 MHZ	2075	96
8.	PSION ATARI 8 MHZ	2053	98
9.	FORTE B 5 MHZ	2045	99
10.	EXCEL 68000	2005	104
11.	AVANTGARDE 2100	2003	105
12.	MEPHISTO REBELL 5,0 MHZ	2001	105
	PAR EXCELLENCE	2000	105
14.	FORTE B	2000	105
15.	MAESTRO	1977	108
16.	EXCELLENCE	1961	110
17.	EXPERT 4 MHZ	1960	110
18.	MEPHISTO MONTE CARLO	1958	110
	MEPHISTO SUPERMONDIAL	1958	110
20.	TURBOSTAR KSO	1953	111
21.	MEPHISTO MM II	1938	113
	MAESTRO 4 MHZ	1938	113

 # HEYNE RATGEBER

Das „königliche Spiel" im Heyne Taschenbuch

08/4737 - DM 7,80

08/9042 - DM 7,80

08/4419 - DM 7,80

08/4562 - DM 7,80

08/4985 - DM 9,80

08/4527 - DM 5,80

08/9015 - DM 7,80

08/4978 - DM 7,80

Marktübersicht 1987/1988

CSS 6/86	Hegener + Glaser **Mobil LCD Rebell 5.0**	Hegener + Glaser **Super-Mondial**	Hegener + Glaser **Mephisto Monaco**	SciSys-W. Ltd. **Leonardo**
AUSSTATTUNG				
Gehäuse:				
Holz/Kunststoff	Kunst.	Kunst.	Kunst.	Holz
Gewicht	1 kg	370 g	254 g	4,8 kg
Brettgröße	10 cm	21,5 cm	8,8 cm	38 cm
Figuren:				
Holz/Kunststoff	Kunst.	Kunst.	Kunst.	Holz
Königshöhe	−[1]	50 mm	7 mm	93 mm
Figurenfach	nein	nein	ja	nein
Zugeingabe:				
Sensoren	−[2]	Druck	Druck	Magnet
Zuganzeige:				
64 Feld-LEDs	nein	−	−	−
XY-Koordinaten	nein	ja	ja	ja
Tasten	18	16	17	21
Signallämpchen	6	8[5]	7	13
Display	LCD	2xLCD	nein	nein[6]
Netzbetrieb	ja	ja	nein	ja
Betriebszeit mit	ca. 10	ca. 20	100	ca. 120
Batterien	Std.	Std.	Std.	Std.
Anleitung	17 S.	14 S.	21 S.	28 S.
ELEKTRONIK				
Prozessor	6502	65C02	6301Y	6301Y
Taktfrequenz (MHz)	5	4	8	12

SciSys-W. Ltd. **Turbo S-24K**	SciSys-W. Ltd. **Mark 12**	Fidelity Electronics **Par Excellence**	Novag Industries **Constellation Forte**	Novag Industries **Constellation Quattro**	Newcrest Technology **Super Enterprise**
Kunst.	Kunst.	Kunst.	Kunst.	Kunst.	Kunst.
1 kg	1,05 kg	600 g	1,8 kg	1,6 kg	1,7 kg
20 cm	20 cm	26,5 cm	22,5 cm	22,5 cm	30 cm
Kunst.	Kunst.	Kunst.	Kunst.	Kunst.	Kunst.
48 mm	47 mm	50 mm	50 mm	50 mm	60 mm
ja	nein	ja	nein	nein	nein
Druck	Druck	Druck	Druck	Druck	Druck
–	–	–	–	–	–
ja	ja	ja	ja	ja	ja
21	15	8	16	14	16
11	–	–	2	8	8
ja[10]	nein	nein	LCD	nein	ja
ja	nein	ja	ja	ja	ja
ca. 150	1000	100	20	20	100
Std.	Std.	Std.	Std.	Std.	Std.
28 S.	60 S.	40 S.	36 S.	24 S.	20 S.
6301Y	HMCS47	65C02	6502	6502	6301Y
12	0,6	5	5	4	8

CSS 6/86	Hegener + Glaser **Mobil LCD Rebell 5.0**	Hegener + Glaser **Super-Mondial**	Hegener + Glaser **Mephisto Monaco**	SciSys-W. Ltd. **Leonardo**
Programm:				
ROM oder **EPROM**	Eprom	Eprom	Rom	beides
Programmgröße	32 K	32 K	16 K	24 K
Austauschbar	nein	ja	nein	ja
Erweiterbar	nein	ja	nein	ja
Eröffnungsmodule	nein	nein	nein	ja
Arbeitsspeicher	8 K	8 K	0,25 K	8,25 K
FEATURES				
Spielstufen insges.	9	32	17	32
davon Turnierstufen	1	8	4	13
Analysestufe	ja	ja	ja	ja
5 min Blitzstufe	ja	ja	ja	ja
Probleme bis Matt in	8	8	8	20
Rechnet auch wenn der Gegner denkt	ja	ja	ja	ja
Brett drehen	ja	ja	ja	ja
Anzeige von:				
Schach/Matt/Patt	ja	ja	ja	ja
Zugwiederholung	ja	ja	nein	ja
50-Züge-Remis	ja	ja	ja	ja
Mattankündigung	ja	nein	ja	ja
Aufgabe der Partie	nein	ja	nein	nein
Remisangebot	nein	nein	nein	nein
Zugnummer	ja	ja	nein	ja[7]
Hauptvariante	5 HZ	6 HZ	nein	8 HZ
Augenbl. Suchtiefe	ja	ja	nein	ja
Stellungsbewertung	ja	ja	nein	ja
Schachuhren:				
Zugzeit	ja	ja	nein	ja[7]
Summenzeit	ja	ja	nein	ja[7]

	SciSys-W. Ltd. **Turbo S-24K**	SciSys-W. Ltd. **Mark 12**	Fidelity Electronics **Par Excellence**	Novag Industries **Constellation Forte**	Novag Industries **Constellation Quattro**	Newcrest Technology **Super Enterprise**
	Rom	Rom	Rom	Eprom	Rom	Rom
	16 K	5 K	32 K	64 K	16 K	16 K
	nein	nein	nein	nein	nein	nein
	nein	nein	nein	nein	nein	nein
	nein	nein	nein	nein	nein	nein
	8,25 K	0,125 K	8 K	4 K	2 K	?
	32	8	24	29	16	44
	13	–	1	14	5	16
	ja	ja	ja	ja	ja	ja
	ja	ja	ja	ja	ja	ja
	20	–	11	14	12	12
	ja	nein	ja	ja	ja	ja
	ja	nein	ja	ja	ja	ja
	ja	ja	ja	ja	ja	ja
	ja	nein	ja	ja	ja	ja
	ja	nein	ja	ja	ja	ja
	ja	nein	ja	ja	ja	ja
	nein	nein	nein	ja	ja	ja
	nein	nein	nein	nein	nein	ja
	nein	nein	nein	ja	nein	ja
	8 HZ	1 HZ	nein	6 HZ	nein	6 HZ
	ja	nein	ja	ja	ja	ja
	ja	ja	nein	ja	nein	ja
	nein	–	–	ja	–	ja
	ja	–	–	ja	–	ja

CSS 6/86	Hegener + Glaser **Mobil LCD Rebell 5.0**	Hegener + Glaser **Super-Mondial**	Hegener + Glaser **Mephisto Monaco**	SciSys-W. Ltd. **Leonardo**
Partiespeicher:				
Zugrücknahme	255 HZ	255 HZ	8 HZ	bel.
Partiewiederholung	ja	ja	nein	ja
Stellungsspeicher	nein	ja	ja	ja
Auch bei Netzausfall	nein	nein	–	ja
Druckeranschluß	nein	nein	nein	ja
Drucker erhältlich	–	–	–	ja[8]
SPIELSTÄRKE Umfang der **Eröffnungsbibliothek**	500[3]	>500[3]	300[3]	5000[4]
Mittelspiel:				
Taktisch	gut	gut	ausr.	befr.
Positionell	sehr gut	gut	ausr.	befr.
Endspiel:				
Elementarmatts	ja	ja	ja	ja
Mattführung KLS-K	nein	nein	nein	nein
Unterverwandlung	ja	ja	ja	ja
Endspiel allgem.	gut	befr.	ausr.	befr.
Schachprobleme:				
Unterverwandlung	ja	ja	ja	ja
Lösegeschwindigk.	gut	gut	befr.	befr.
Nebenlösungen	ja	ja	nein	nein
ELO lt. Hersteller	1990	1900	1650	1950[9]
PREIS				
Gerät ohne Netzteil	698,–	498,–	198,–	–
Gerät mit Netzteil	737,–	537,–	–	799,–

Anmerkungen: [1] Symbolplättchen, [2] Nur Tasteneingabe, [3] Varianten, [4] Halbzüge, [5] Dreifarben-LEDs, [6] 16stellige Anzeige mit Analyst-Modul, [7] Über serielle Schnittstelle (Drucker, PC),

	SciSys-W. Ltd. **Turbo S-24K**	SciSys-W. Ltd. **Mark 12**	Fidelity Electronics **Par Excellence**	Novag Industries **Constellation Forte**	Novag Industries **Constellation Quattro**	Newcrest Technology **Super Enterprise**
	bel.	2 HZ	256 HZ	bel.	30 HZ	120 HZ
	ja	nein	nein	ja	nein	ja
	ja	ja	nein	ja	ja	ja
	ja	ja	–	ja	nein	nein
	nein	nein	nein	ja	nein	nein
	–	–	–	ja	–	–
	5000[4]	250[4]	16000[4]	20000[4]	4000[4]	6000[4]
	befr.	befr.	sehr gut	sehr gut	gut	gut
	befr.	ausr.	gut	gut	befr.	befr.
	ja	ja	ja	ja	ja	ja
	nein	nein	ja	nein	nein	ja
	ja	ja	ja	ja	ja	ja
	befr.	ausr.	gut	gut	befr.	befr.
	ja	ja	ja	ja	ja	ja
	befr.	ausr.	gut	gut	gut	gut
	nein	nein	ja	ja	nein	ja
	1950	1450	2100	>2000	k.A.	1810
	399,–	199,–	748,–	798,–	498,–	348,–
	–	–	787,–	827,50	527,50	377,–

[8]) Beliebige Drucker mit serieller Schnittstelle, [9]) Bis 2100 mit Zusatzmodul, [10]) 2 LCD-Schachuhren;

Aus Franck, Computer Zeitung; Stand 1987

Bibliographie

Bartel-Kraas, Schrüfer, Data, Becker: *Das große Computer-Schachbuch,* Düsseldorf 1985
Michal Moisejewitsch Botvinnik: *Meine neuen Ideen zur Schach-Programmierung,* Springer Verlag Düsseldorf 1985
Bauer/Goos: *Informatik,* 2 Teile, Heidelberg 1971
E. Lutterbeck: *Dokumentation und Information,* Frankfurt am Main 1979
Di Steffano III, Stubberud, Williams: *Feedback and Control Systems,* Mc Graw Hill 1967
David Levy: *Chess and Computer,* London 1976
Pachman, Kühnmund: *Computerschach,* Heyne Verlag München 1980
a.d.de. Groot: *Thought and Choice in Chess,* Den Haag 1978
H. I. J. Murray: *History of Chess,* Oxford 1913
Harry Golombek: *The Penguin Encyclopedia of Chess,* Great Britain 1981
Richard Réti: *Die Meister des Schachbretts,* Mährisch-Ostrau 1930
T. D. Harding: *The Games of the World Correspondence Chess Championship,* I – IV, London 1979
Aaron Nimzowitsch: *Mein System,* Berlin-Frohnau 1965
Geza Maroczy: *Paul Morphy,* Zürich 1981
Milan Vidmar: *Goldene Schachzeiten,* Berlin 1961

Dr. Tarrasch: *Das Schachspiel,* Deutsche Buchgemeinschaft, Berlin 1931

Wladimir Budde: *Garri Kasparow,* Hollfeld 1985

H. C. Opfermann: *Die Neue Schachschule,* 10. Auflage, Heyne Verlag München (08/4419) 1986

Theo Schuster: *Schacheröffnungen,* Stuttgart 1979

H. C. Opfermann: *Schacheröffnungen meisterhaft gespielt,* 6. Auflage, Heyne Verlag München (08/4562) 1987

Fred Reinfeld: *Schach für Amateure,* Stuttgart 1982

Wolfgang Kinzel: *Denken nach Menschen Art,* Bild der Wissenschaft Nr. 1, 1988, Stuttgart

Dr. László Orbán: *Schach-Eröffnungsspiele,* München 1981

Drazen Marović, Bruno Parma: *An Opening Repertoire for Black,* London 1978, Batsford Limited

G. Friedstein: *Pirc-Ufimzew-Verteidigung,* Heidelberg 1981

Dr. H. I. van den Herik: *Computerschaak, Schaakwereld en kunstmatige Intelligentie,* Verlag Academic Service, Postbus 96996, NL-2509 JJ's Gravebhage 1983

H. C. Opfermann: *Schach für Fortgeschrittene,* Heyne Verlag München (08/4985) 1984

Kurt Rattmann: *New in Chess,* Jahrbücher, Hamburg 80, Weidenbaumweg 80

H. Köhler: *Europa Rochade,* D-6457 Maintal

Register

›Abseits‹ 32, 54, 97
›absolut bester Zug‹ 38
Abtausch 59, 63, 76, 94, 96, 132
Abwartefalle 63
Abwartezug (-züge) 87, 107, 140
Aljechin, Alexander 16, 37 ff., 40 ff., 49, 50 ff., 72
Analyse 34, 54
Analysen-Stufe 33, 54
analysieren 20, 63
›analytische‹ Urteile 26
Anderssen, Adolf 25, 71
Angreifer 51
Angriff(e) 38, 45, 59, 61, 69, 85, 91, 105, 109, 112, 126, 140
Angriffskräfte 61, 96
Angriffsläufer 60, 93
Angriffslinie 60, 76
Angriffsmarke(n) 58, 62, 138
Angriffsplan 94, 140
Angriffsstellung 78, 121
Angriffsvorbereitung 68
Angriffsvorsprung 68
Angriffszug 93, 96, 140
Anzeige (von) 33, 150 f.
Aufgabezug 141

Bauer 40 ff., 63, 68, 69 f., 93, 97, 113, 120
Bauernangriff 93
Bauernbewegungen 69
Bauernführung 70
Bauerngewinn 54, 78, 102, 113, 136
Bauernkette 61, 63, 71, 94, 126
Bauern-Konfiguration 128
Bauernmitte 121
Bauernopfer 124 f., 128 f., 131
Bauernskelett 128
Bauernstruktur(en) 49, 126
Bauernsturm 91, 93, 118, 122
Bauernverlust 128

Bauernzentrum (-zentren) 18, 41, 43, 47, 51, 53, 57, 60, 65, 71 f., 86, 90, 93, 96 f., 121
Bauernzug (-züge) 38, 91, 128
Befreiungszug 40
Benkö, Pal 26
Bewertung 25, 77, 82, 142 f.
Bewertungsfähigkeit 127
Bewertungsfunktion(en) 35, 60
Blackburne, H. J. 26
›blutende Wunde‹ 42
Botwinnik, Michail 22, 26
Brute-Force-Programm(e) 142 f.

Caro-Kann 15
Computer 22, 25
Computer-Programm 25, 73, 142 f.
Computer-Spitzenprogramm(e) 118, 121

DALLAS 53, 59 ff., 74 ff., 114, 122, 137 ff.
DALLAS-Programm 49, 55
Dame 51, 56, 105, 120, 121
Damenbauernspiel 74, 84 ff.
Damenflügel 43, 45 f., 59 f., 91, 93 f. 131, 138, 141
Damenflügelangriff 63, 75, 77, 84, 91, 94
Damen-Gambit 15
Damentausch 135
Damenzug 63, 96, 109
›Deckung auf Vorrat‹ 40 ff., 45, 60 f.
Deckungszug 63
de la Bourdonnais, Charles (Mahé) 70
del Rio, Ercole 70
Diagonalverdoppelung 62, 77
Drohung(en) 65, 127, 141
Drucklinie 105
Dufresne, Jean 25 f.

Dr. Tarrasch: *Das Schachspiel,* Deutsche Buchgemeinschaft, Berlin 1931

Wladimir Budde: *Garri Kasparow,* Hollfeld 1985

H. C. Opfermann: *Die Neue Schachschule,* 10. Auflage, Heyne Verlag München (08/4419) 1986

Theo Schuster: *Schacheröffnungen,* Stuttgart 1979

H. C. Opfermann: *Schacheröffnungen meisterhaft gespielt,* 6. Auflage, Heyne Verlag München (08/4562) 1987

Fred Reinfeld: *Schach für Amateure,* Stuttgart 1982

Wolfgang Kinzel: *Denken nach Menschen Art,* Bild der Wissenschaft Nr. 1, 1988, Stuttgart

Dr. László Orbán: *Schach-Eröffnungsspiele,* München 1981

Drazen Marović, Bruno Parma: *An Opening Repertoire for Black,* London 1978, Batsford Limited

G. Friedstein: *Pirc-Ufimzew-Verteidigung,* Heidelberg 1981

Dr. H. I. van den Herik: *Computerschaak, Schaakwereld en kunstmatige Intelligentie,* Verlag Academic Service, Postbus 96996, NL-2509 JJ's Gravebhage 1983

H. C. Opfermann: *Schach für Fortgeschrittene,* Heyne Verlag München (08/4985) 1984

Kurt Rattmann: *New in Chess,* Jahrbücher, Hamburg 80, Weidenbaumweg 80

H. Köhler: *Europa Rochade,* D-6457 Maintal

Register

›Abseits‹ 32, 54, 97
›absolut bester Zug‹ 38
Abtausch 59, 63, 76, 94, 96, 132
Abwartefalle 63
Abwartezug (-züge) 87, 107, 140
Aljechin, Alexander 16, 37 ff., 40 ff., 49, 50 ff., 72
Analyse 34, 54
Analysen-Stufe 33, 54
analysieren 20, 63
›analytische‹ Urteile 26
Anderssen, Adolf 25, 71
Angreifer 51
Angriff(e) 38, 45, 59, 61, 69, 85, 91, 105, 109, 112, 126, 140
Angriffskräfte 61, 96
Angriffsläufer 60, 93
Angriffslinie 60, 76
Angriffsmarke(n) 58, 62, 138
Angriffsplan 94, 140
Angriffsstellung 78, 121
Angriffsvorbereitung 68
Angriffsvorsprung 68
Angriffszug 93, 96, 140
Anzeige (von) 33, 150 f.
Aufgabezug 141

Bauer 40 ff., 63, 68, 69 f., 93, 97, 113, 120
Bauernangriff 93
Bauernbewegungen 69
Bauernführung 70
Bauerngewinn 54, 78, 102, 113, 136
Bauernkette 61, 63, 71, 94, 126
Bauern-Konfiguration 128
Bauernmitte 121
Bauernopfer 124 f., 128 f., 131
Bauernskelett 128
Bauernstruktur(en) 49, 126
Bauernsturm 91, 93, 118, 122
Bauernverlust 128

Bauernzentrum (-zentren) 18, 41, 43, 47, 51, 53, 57, 60, 65, 71 f., 86, 90, 93, 96 f., 121
Bauernzug (-züge) 38, 91, 128
Befreiungszug 40
Benkö, Pal 26
Bewertung 25, 77, 82, 142 f.
Bewertungsfähigkeit 127
Bewertungsfunktion(en) 35, 60
Blackburne, H. J. 26
›blutende Wunde‹ 42
Botwinnik, Michail 22, 26
Brute-Force-Programm(e) 142 f.

Caro-Kann 15
Computer 22, 25
Computer-Programm 25, 73, 142 f.
Computer-Spitzenprogramm(e) 118, 121

DALLAS 53, 59 ff., 74 ff., 114, 122, 137 ff.
DALLAS-Programm 49, 55
Dame 51, 56, 105, 120, 121
Damenbauernspiel 74, 84 ff.
Damenflügel 43, 45 f., 59 f., 91, 93 f. 131, 138, 141
Damenflügelangriff 63, 75, 77, 84, 91, 94
Damen-Gambit 15
Damentausch 135
Damenzug 63, 96, 109
›Deckung auf Vorrat‹ 40 ff., 45, 60 f.
Deckungszug 63
de la Bourdonnais, Charles (Mahé) 70
del Rio, Ercole 70
Diagonalverdoppelung 62, 77
Drohung(en) 65, 127, 141
Drucklinie 105
Dufresne, Jean 25 f.

Eckbauer(nzüge) 120
ELO 29
Elo, Arpad 29
Elo-Zahlen 29, 146, 152 f.
Endknoten 143
Endsieg 67, 83, 109, 112, 122, 141
Endstellung(en) 36, 49
Entwicklung 58, 68, 72, 91, 121 f., 129
Entwicklungsgrundsätze 116
Entwicklungsprinzipien 119
Entwicklungstempo 84 f., 89
EPROM 150 f.
Erfahrungsmuster 24 f.
Eröffnung(en) 27, 35, 38, 49, 58, 82, 90, 115, 118, 120 f.
Eröffnungsbehandlung 68, 71
Eröffnungsbibliothek 31, 58, 73, 74, 81 f., 90, 116, 152 f.
Eröffnungs-Entwicklung 37, 90, 123
Eröffnungsgrundsatz (-sätze) 16, 17, 72
Eröffnungsrepertoire 27
Eröffnungsspiel(e) 121
Eröffnungsstrategie 49
Eröffnungssysteme 48
Eröffnungszug (-züge) 38
Erziehungsdruck 89
Europa-Rochade 27

Features 150 f.
Fehlzug (-züge) 67
Feldkoordinaten 33
Fernschach-Partiestellung 55
Fernschach-Spielstufe 33, 55
fianchettiert 119
Figuren 32, 72, 93, 121, 148 f.
Figurendruck 109
Figurenentwicklung 91, 118, 121, 122
Figurenopfer 32, 45, 97
Fischer, Bobby 26
Flankensicherung 137
Fluchtfeld 45
Flügelangriff(e) 18, 37, 42, 46, 56 f., 60, 72, 74 f., 86, 90 f., 95, 122, 137
›Französische Verteidigung‹ 90 ff., 102
Freibauer(n) 99, 136

Gambit(s) 32, 70
Gegenangriff 44
Gegner 21, 48
Generalangriff 93
geniale Züge 26
gesicherte Mitte 37, 122
gesichertes Zentrum 42
Gewalt-Methode 142
Greco, Gioacchino 118
Großmeister (GM) 12, 19, 72
Grundlinie 120
Grundreihe 121

Halbzug (-züge) 54, 76 f., 142
Hallsworth, E. 29
Hauptvariante 65
Hegener + Glaser 13, 38, 143
›Horizont‹ 76, 128
Huberger, Carmen 84 ff.

›Immergrüne‹ 26
Initiative 41, 89, 90, 122
initiative Suche 82
Initiativspiel 116
›Initiativ-Test‹ 115, 116 ff., 126
Internationaler Meister (IM) 29

Johns Hopkins University 24

Kampfpartie 73
Kant, Immanuel 26
Karpow, Anatoli 15
Kasparow, Garri 15, 19, 49
Ketterling, Hans-Peter 27, 116
Kieseritzki, Lionel 25
klassische Entwicklungsgrundsätze 73, 74, 115
klassische Eröffnungen 48
klassische Eröffnungsbegriffe 71 f., 91
klassische Eröffnungsgrundsätze 84, 118
klassische Eröffnungsprinzipien 126
klassische positionelle Grundsätze 58
klassische Spielauffassung 62, 82
klassische Spielweise 73
Kombination(en) 27
Kombinationsabenteuer 82

157

Kombinationsschlachten 70
König 32, 63, 71, 97, 120, 121, 128
Königsbauern 95
Königsflügel 52, 53 f., 60 f., 63, 75, 77, 85, 91 f., 97, 126, 130, 141
Königsflügelangriff 58 f., 87, 96, 139
Königsstellung 32, 42 f., 53, 59, 63, 76, 93, 102, 122
Konzentrationsschwäche 80

Lang, R. 76
Lasker, (Emanuel) 70
Läufer 42, 69, 71, 94, 113, 120, 121, 132, 136
Lehrsätze 72
leichte Figuren (Leichtfiguren) 42, 54, 68, 70, 91, 120, 130
›Leonardo‹ 33, 131 ff.
Level (LEV) 33
Linie 43, 65, 71
Linienöffnung 72, 126

Marktübersicht 148 ff.
Materialbilanz 98 f.
Materialgewinn 125, 127
Materialverluste 91
Materialvorteil(e) 32, 127 f.
Matt 65, 67, 99, 103, 105
Mattgefahr 53
Mattnetze 32
Mehrbauer 79, 130
›Mein System‹ 39, 49, 60, 72
Meister 29
meisterliches Spiel 27
Meisterspieler 115
Meister-Spielstärke 29
MEPHISTO/DALLAS 33, 49, 50 ff., 58 ff., 74 ff., 90 ff., 132, 137 ff.
MEPHISTO/Mondial 2 84 ff.
Mikroskop 20
Mittelbauer 59, 120, 121
Mittelspiel 35, 38, 82, 89, 115, 152 f.
Mittelspielführung 37, 122
Modellpartie 115
Modenese 70
Morphy, Paul 71
Müller, Hans 37
Mustererkennung 49

›Nachricht‹ 20
Nachwuchsspieler 120
Netzbetrieb 148 f.
Neuromantiker 16
Neuronen-Netze 24
neutraler Zug 52, 103, 105
Nimzowitsch, Aron 12, 37 f., 40 ff., 49, 50 ff., 60, 72
Nimzowitsch-System 39, 72
Nitsche, T.(homas) 143
Null-(0-)Stufe 31
Nullzüge 116

›objektive Bedingungen‹ 37 f.
Opfer 32, 63, 89, 121
Opferangebot 64 f., 111 f.
Opferangriffe 119
Opfermann, H. C. 50 ff., 58 ff., 75 ff., 90 ff., 137 ff.
Opfervariante 87
Opferzug 63
Orbán, László 121

Pachman, Ludék 15 f., 48
Partie 35, 49
Partiespeicher 152 f.
Pfleger, Helmut 19, 21
Philidor, André Danican 69 f., 71
Pirc 74
Pirc-Verteidigung 137
Ponziani, (Lorenzo Domenico) 70
positionelle Blindheit 27
positionelle Chance 59
positionelle Merkmale 27
›Positionsgefühl‹ 27
Prozessor 23, 25
PSION ATARI 30

Qualität 25, 132
Qualitätsverlust 99

RAM (Random Access Memory) 20, 23
Raumvorteil(e) 58 f.
Rechengeschwindigkeit 82
Rechenleistung 23
Rechenprozeß 25
Rechentiefe 76, 142 f.
Reinfeld, Fred 17, 123, 124 f., 128
Remis-Breite 36, 48

Rochade 58 f., 71, 91, 120, 121 f., 126, 132
ROM (Read Only Memory) 22 f., 35, 150 f.
ROMA-Weltmeisterprogramm 53
Routinezüge 137

Sargon III 126
Schach 32, 61, 109
Schach-Ausbildung 71
Schachcomputer 19 f., 22 f., 25 ff., 29 f., 35, 115
Schachcomputer-Programm 53, 142 f.
Schachdenker 69, 71
Schach-Eröffnungsspiel 121
Schachgebot 65, 94, 109
Schachgedächtnis 34
Schachgesetze 38, 72
Schachlehrer 120
Schachlehrbuch 81
Schachmeister 29, 69, 142
Schach-Mikroskop 20 f.
Schach-Pädagoge 115, 120 f., 123, 125
Schachprogramm 22 f., 26 f., 35, 82, 119
Schachprogrammierer 23
Schachprobleme 152 f.
Schachspieler 36, 38
schachstrategische Entwicklung 36
Schachuhr 150 f.
Schlagfall 98, 103
Schlußangriff 65, 97
Schuster, Theo 120
Schwächen 27, 83, 97
schwacher Zug 58, 84 ff.
Schwenkel, Frieder 116
schwere Figuren (Schwerfiguren) 42 f., 51, 53, 105, 120, 130
SciSys-W., Ltd. 13, 33
Seitenwechsel 55
Sejnowski, Terrence J. 24
selektive Berechnung(en) 77, 100, 143
selektive Fortsetzungssuche 99
›selektive‹ Untersuchung 76
selektives Konzept 143
selektives Programm 76
selektives Schachprogramm 142 f.

Selektivsuche (selektive Suche) 53 f., 65, 99
Sensoren 148 f.
Shannon A/B-Strategie 53
Sieg 26, 48, 124
Spielführung 46, 72, 83
Spielgrundsätze 39, 72, 116
Spielprinzip 69
Spielstärke 20, 21, 29, 31 f., 48, 89, 152 f.
Spielstärkestufe 31
Spielstrategie 35, 37
Spielstufe 31, 33
Spielstil 17, 38, 49, 120
Spielstrategie 34, 35, 57, 73
Spielverhalten 82
Spielweise 38, 71, 115
Spitzenschachcomputer 19, 29, 73
Spitzenprogramme 118, 121
Springer 43, 45, 65, 69, 75, 94, 110, 120, 121, 132 ff.
›static search‹ 143
Steinitz, Wilhelm 12, 16, 37 f., 71 f.
Stellung 20, 27, 42, 57, 121
Stellungsaufgabe 55
Stellungsbewertung 27
Stellungsmerkmale 24, 27
Stellungsnachteile 32
Stellungsspiel 63
Stellungsstruktur 23, 24 f., 54
Stellungsvorteil 131
Steuer(ungs)befehl 23, 35
Strategie 36
strategische Planung 27, 91 f., 130
strategische Planungsmöglichkeiten 125
strategische Zugentscheidungen 27
strategischer Bauernstil 70
strategischer Blick 123, 125
strategischer Fehler 88, 134, 136
strategisches Spielverhalten 35
strategisch-positionelle Übermacht 65
strategisch-positioneller Vorteil 78
Sucharbeit 81 f.
Suchfeld 76
Such-›Horizont‹ 59 f.
Suchtiefe 76
›synthetische‹ Urteile 26
Systeme 37

159

Taktfrequenz 148 f.
taktische Gefahr 75, 77, 79, 93
taktisch-positionell 20, 48, 83, 91, 93, 115, 123, 125
taktisch-positionelle Abwicklung 95
taktisch-positionelle Fehlentscheidung 136
taktisch-positionelle Gefahr 128
taktisch-positionelle Kombinationen 35
taktisch-positionelle Lage 96
taktisch-positionelle Verlockung 126
taktisch-positionelle Züge 27
taktisch-positioneller Bereich 89
Tal, Michail 26
Tarrasch, Siegbert 12, 17, 38, 71 f.
Tartakower-Variante 15
Tempo 133, 137 f.
Tempogewinn 17, 38, 41, 68
Tempoverlust 18, 90 f., 122, 130, 133, 139, 141
Tempozug 130
Trainingsmethode 32
Trainingspartie 81
Trainingspartner 21, 31, 82, 89
Turm 45, 51, 59, 63, 71, 75, 91, 94, 96, 120, 121, 133
Turnier 29, 39, 115, 122
Turnierleitung 29
Turnierspieler 29
Turnierspielstärke 31
Turnier-Spielstufe 58, 74
Turnierstufe 33, 49, 53, 54

›Unsterbliche‹ 26
Urteilsvermögen 123

Variante 35, 82
Variantenbaum 76, 99
Variantenfülle 81
Variantenkomplex 66
Variantensuche 63
Variantenverlauf 82
›Vergangenheits-Programm‹ 25
Verhalten 35
Verhaltensweise 60
Verluststellung 89
Vernichtungszug 99

Verteidigung 32, 66, 69, 84, 103, 106, 122, 130
Verteidigungsspiel 48
Verteidigungsstellung 59, 77, 109 f., 121
Verteidigungstechnik 48
Verteidigungsvorposten 94
Verteidigungszug 45, 52, 84, 91, 93, 107, 108 f., 140
Vertripelung 51
Verzweiflungszug 47, 99, 141
Vidmar, Milan 38
Vorpostenstellung 131

Weltmeister (WM) 38, 70, 71
Weltmeister-Computerprogramm 49, 54
Weltrangliste 19
Wettkampf 115, 122
Wirkungsbereich 121
Wirkungskraft 93, 94, 100, 133, 138
Wirkungsstruktur 96

Zeitstufen 33
Zentralbauer 94
Zentrum 41, 59, 75, 92, 123
Zentrumsbauer 120, 121
Zentrumsfeld 68, 120
›Zentrum-Flügel-Angriffsstellung‹ 102
Zentrum-Flügel-Strategie 11, 16, 17 f., 64, 81 f., 102, 114, 122, 136
Zentrumsstellung 42
Zentrumsverfestigung 68, 122, 137
Zukertort, Johannes 26
Zug 34, 35, 142
Zuganzeige 148 f.
›Zug-Berechnungsmethode‹ 35
Zugeingabe 148 f.
Zugentscheidung 24 f., 123
Zügezahl 55, 76
Zugfolge 20, 26, 35, 56, 65, 81
Zugkombination 34
Zugumstellungen 82
Zugwiederholung 34
Zwangslage 44
Zwangsmatt-Kombination 54
Zwangszugfolge 35
Zwangszugstellung 47